Contraste insuffisant
NF Z 43-120-14

Illisibilité partielle

Valable pour tout ou partie
du document reproduit

Couverture inférieure manquante

Original en couleur

NF Z 43-120-8

CORRESPONDANCE
DE
L'ABBÉ LEBEUF
ET DU
PRÉSIDENT BOUHIER
AVEC
PRÉFACE ET NOTES SUR LES TOMBEAUX DE QUARRÉ, SARRY, ETC.

PAR

ERNEST PETIT (de Vausse),

MEMBRE DU CONSEIL ACADÉMIQUE DE DIJON,
CONSEILLER GÉNÉRAL DU DÉPARTEMENT DE L'YONNE.

AUXERRE
IMPRIMERIE DE GEORGES ROUILLÉ

PARIS

A. CLAUDIN, Libraire,　　　CHAMPION, Libraire,
3, rue Guénégaud.　　　　　15, quai Malaquais.

M DCCC LXXXV

CORRESPONDANCE DE L'ABBÉ LEBEUF

AVEC LE PRÉSIDENT BOUHIER.

CORRESPONDANCE
DE
L'ABBÉ LEBEUF
ET DU
PRÉSIDENT BOUHIER

AVEC

PRÉFACE ET NOTES SUR LES TOMBEAUX DE QUARRÉ, SARRY, ETC.

PAR

ERNEST PETIT (de Vausse),

MEMBRE DU CONSEIL ACADÉMIQUE DE DIJON,
CONSEILLER GÉNÉRAL DU DÉPARTEMENT DE L'YONNE.

AUXERRE
IMPRIMERIE DE GEORGES ROUILLÉ

PARIS

A. CLAUDIN, Libraire, | CHAMPION, Libraire,
3, rue Guénégaud. | 15, quai Malaquais.

M DCCC LXXXV

Extrait du *Bulletin de la Société des Sciences historiques et naturelles de l'Yonne*, 1er semestre 1885.

CORRESPONDANCE DE L'ABBÉ LEBEUF

ET DU PRÉSIDENT BOUHIER

PRÉFACE

Au moment où nous venions de publier dans l'*Annuaire de l'Yonne* de 1883, les *Lettres de l'abbé Lebeuf à Lacurne de Sainte-Pallaye*, un autre dossier bien plus considérable de lettres du savant Auxerrois nous était signalé dans les nouveaux acquêts de la Bibliothèque nationale : *La correspondance de Lebeuf avec le Président Bouhier.*

Cette correspondance forme plus du tiers d'un volume de lettres originales provenant de Bouhier, et faisait d'abord partie de la Bibliothèque de la ville de Lyon. Le précieux recueil est entré, par un échange récent, à la Bibliothèque nationale, où il figure dans le *Fonds français*, aux acquisitions nouvelles, sous le n° 1212. Puissent ces fragments dispersés de la collection Bouhier n'être pas les derniers qui viendront grossir l'inappréciable correspondance du *Grand Président*, correspondance encore peu connue et sur laquelle nous nous proposons d'apporter bientôt quelque lumière.

Ces lettres inédites avaient été indiquées en 1880 aux éditeurs (1) des *Lettres de l'abbé Lebeuf*, par M. Caillemer, doyen de la Faculté de droit de Lyon et correspondant de l'Institut, mais la Société des Sciences historiques et naturelles de l'Yonne ayant terminé en

---

(1) MM. Quantin et Chérest, vice-présidents de la Société des Sciences historiques et naturelles de l'Yonne.

1867 les deux volumes de ces lettres (1), la trouvaille récente ne fut pas utilisée. Ce n'est que sur les bons avis de notre ami Aimé Chérest que nous prîmes copie de ces lettres, dont quelques-unes avaient déjà été relevées par M. Caillemer.

Soixante et une lettres de cette correspondance nous sont actuellement connues, cinquante-trois de l'abbé Lebeuf et huit du Président Bouhier. Quatorze seulement ont été éditées et six indiquées par un court extrait dans les lettres de l'académicien Auxerrois. Nous publions celles qui étaient restées inconnues jusqu'à ce jour et qui sont, croyons-nous, les principales. Plusieurs d'entre elles sont même de véritables mémoires, et sont destinées à mettre en relief ce merveilleux esprit d'investigation et les connaissances profondes de l'abbé Lebeuf sur les sujets d'antiquités qui intéressent nos provinces.

Avons-nous maintenant la correspondance intégrale du savant abbé avec le Président Bouhier ? Assurément non, car on constate encore de nombreuses lacunes ; mais il est supposable qu'en dehors de cette publication on n'a pas à espérer de nouveaux textes apportant des documents bien considérables.

Le volume qui contient les présentes lettres se compose uniquement des correspondances adressées au Président Bouhier par divers savants, et avait été séparé du fonds principal, probablement en 1804, lors de la visite et de l'étrange répartition des commissaires Prunelle et Chardon de la Rochette. C'est un petit in-4° de 242 feuillets recouvert d'une assez mauvaise demi-reliure en basane violette, qui ne fait honneur ni à la Bibliothèque dont elle sort, ni au relieur qui l'a faite. De plus, les lettres ne sont pas montées sur onglet, et la marge intérieure est prise dans la reliure, rendant ainsi illisible une partie du manuscrit, sans compter la détérioration qui atteint les précieux originaux.

I.

En septembre 1728, l'abbé Lebeuf se rendait pour la première fois dans la capitale de la Bourgogne (2), en passant par Semur et d'autres localités où il comptait rencontrer des curieux et des savants. A Dijon, il vit l'abbé Papillon, chanoine de la Chapelle-aux-Riches, déjà *bien cassé*, qui lui procura le plaisir de le produire chez le Président Bouhier (3). Ce fut le commencement des rela-

---

(1) *Auxerre*, 1866 et 1867, avec les Tables analytiques, 1868.
(2) *Lettres de l'abbé Lebeuf*, n° 165, t. II, p. 52.
(3) *Ibid.*, t. II, p. 53.

tions entre l'abbé et le Président, et l'origine de la correspondance active, qui, pendant quinze années, fut échangée entre ces deux hommes.

L'abbé, de treize ans moins âgé que le Président, qui atteignait alors sa cinquante-cinquième année, lui devait le respect à bien des égards ; car s'il s'était acquis une certaine notoriété par des travaux d'érudition déjà remarqués, il devait tenir à grand honneur de paraître devant ce magistrat célèbre, travailleur infatigable, dont la renommée était si étendue et si souveraine, dont la popularité était si grande parmi les érudits, et dont l'autorité suprême était invoquée de tous les points de l'Europe savante.

Les premières lettres de cette correspondance ne sont pas toutes connues, mais on voit par une pièce sans date, que nous placerons en 1729, que les relations de Lebeuf avec le président Bouhier étaient déjà suivies à cette époque.

Lebeuf parle ensuite, en 1731, de l'inscription *Pro salute dominorum*, dont il avait rendu compte dans le *Mercure*, et de la réponse qu'il compte faire dans le même recueil à M. Polluche, d'Orléans. Il s'y plaint du mauvais accueil qu'il avait reçu à son passage dans l'abbaye des Bernardins de Fontenay, près Montbard. Plus loin (1) il marque le repentir que les religieux ont témoigné de leur faute, et le projet qu'il a formé de répondre aux habitants de Joigny, relativement aux vignes d'Auxerre. Le Président ne manque pas, à cette occasion, de lui envoyer des renseignements sur les grands crûs du Dijonnais (2). Bouhier lui écrivit encore avant la fin de décembre 1731, au moins deux lettres dont le texte ne nous a point été conservé, et dans lesquelles il demande des renseignements sur un texte d'Éginhard et sur les chemins romains (3).

Avec le mois de janvier 1732 commence la série des lettres de notre recueil qui n'est plus interrompue, et dans laquelle peuvent s'intercaler quelques-unes de celles qui ont été publiées, et qui servent à compléter les dissertations commencées ailleurs par le docte chanoine.

Combien de sujets variés successivement discutés, et que d'érudition ! — Les tombeaux de Saint-Amatre ; — les erreurs de de Valois dans le *Notitia Galliarum* (4) ; — les Médailles antiques (5) ;

(1) *Lettres de Lebeuf*, t. II, n° 184, p. 110-111.
(2) *Lettres*, t. II, n° 185, p. 112-113. — Cette lettre de Bouhier ne nous a pas été conservée.
(3) *Lettres*, t. II, n° 187, p. 115-119.
(4) Lettres II et III, 33.
(5) Ib. IV et XIX, 19, 20, 21, 23.

— les Inscriptions lapidaires (1) ; — les Statues (2) ; — les Anneaux (3) ; — les Chemins Romains (4) ; — le Chant ecclésiastique (5) ; — les Manuscrits (6) ; — la Discussion sur le Chien de Montargis (7) ; — les Publications diverses (8) ; — la Géographie ancienne (9) ; — les Armes de guerre (10) ; — les Tombeaux anciens, etc.

Nous voyons passer tous les savants de cette époque : le Père Mabillon, Chifflet, l'abbé Châtelain, MM. de la Roque, de Valois, de Tillemont, le P. Desmolets, Daniel Polluche, d'Orléans, le chanoine Gandrillet, le P. Hommey, Foncemagne, le P. de Montfaucon, Papillon, Dom Bouquet, Letors, lieutenant criminel d'Avallon, l'abbé Camus, le P. Martenne, l'abbé Guenin, Dunod, l'abbé Potel, Dom Liron, M. de Boze, Thomassin de Mazaugues, le chanoine Fenel, le Dijonnais Melot, second garde de la bibliothèque du Roi, membre de l'Académie des inscriptions, et beaucoup d'autres.

L'histoire locale trouve nombre de faits nouveaux à recueillir sur la bataille de Fontenoy, sur les fouilles de Saint-Amatre, sur les tombes de Quarré-les-Tombes, sur la bataille de Chalo, sur les antiquités d'Auxerre, de Sens, de Langres, etc.

Les manuscrits du Président Bouhier étaient une mine précieuse à laquelle il était permis à l'abbé Lebeuf de recourir. Malheureusement ces manuscrits n'étaient pas toujours d'un déplacement facile ; les occasions de les faire passer étaient assez rares, et le pauvre abbé ne pouvait entreprendre fréquemment des voyages coûteux. Il avait recours en ce cas à des intermédiaires. C'est ainsi qu'il charge, en mars 1734, l'abbé Papillon de lui rendre compte de certains manuscrits, et l'abbé Camus, originaire de Dijon et prêtre du diocèse de Langres, va revoir divers textes et collationner plusieurs passages qui lui sont indiqués (11).

Le Président était prié de lire les mémoires de Lebeuf, de faire des corrections et de lui donner son avis : « J'ay résolu, Monsieur, « de vous envoyer ma dissertation entière (sur le Soissonnais...)

(1) Lettres V, XV, XVI, XVII, 17, 30.
(2) Ib. X, 21.
(3) Ib. X, 21.
(4) Ib. X et XXX.
(5) Ib. XI.
(6) Ib. XI et XXVIII.
(7) Ib. XII et XIII.
(8) Ib. XII et XIV.
(9) Ib. II, III, XVII, XVIII, 18, 20, 21, 25, 33.
(10) Ib. XVIII.
(11) Ib., t. II, p. 150-151 et 153.

« j'ay bien cherché, mais inutilement, des occasions. N'en trou-
« vant point, ny dans les auberges, ni dans les monastères, je me
« suis déterminé à la voye de la poste, aymant mieux qu'il m'en
« couste un peu davantage et estre sûr que mon paquet vous sera
« remis. Je vous supplie de rayer, effacer et corriger tout ce que
« vous croirez le devoir estre et de suppléer par vos richesses à
« mon indigence... » (1).

Puis quelles recommandations, quelles précautions pour envoyer des livres ou des manuscrits par cet affreux carrosse d'Auxerre, « *qui part une fois par semaine,* » et qui reste « *quatre jours ou environ en route* (2) », à travers des chemins à peu près impraticables, car on n'avait, en mars 1735, relation avec Messieurs des États que par des huissiers qui arrivaient à Auxerre *avec des ordres foudroyans* pour la réparation de ces chemins (3).

Le placement et le débit des ouvrages d'érudition n'était alors guère plus facile qu'aujourd'hui. En novembre 1734, Lebeuf ayant envoyé au Président un exemplaire de son ouvrage sur l'*État des sciences sous Charlemagne,* lui disait : « Des livres récréatifs ou
« sur les matières théologiques du temps ont sûrement leur
« prompt débit, mais non les livres de littérature... Je vous
« demande en grâce, Monsieur, de sçavoir du sieur De Fay ou
« autre, s'il voudroit se charger d'en débiter un nombre qu'on
« luy feroit tenir avec des affiches, et en quel nombre. Vous con-
« naissez le goût de Dijon, comme je connais celui d'Au-
« xerre... (4) » Et le Président se mit en devoir d'aider Lebeuf, qui y fait allusion dans l'une de ses lettres à Lacurne de Sainte-Pallaye publiées par nous l'année dernière (5).

Lebeuf ne manque jamais assurément d'envoyer ses ouvrages au Président. en y ajoutant des exempl' es pour l'abbé Papillon, pour l'abbé Gandrillet, chanoine de Notre-Dame (6).

Le Président adresse aussi ses travaux à l'abbé et lui envoie même son portrait, en octobre 1755, alors que Lebeuf était installé à Paris (7).

---

(1) Lettre XVII.
(2) Ib. XVIII.
(3) Lettre XX.
(4) Ib. XVI.
(5) *Annuaire de l'Yonne*, 1863, p. 218.
(6) Lettre XVI.
(7) *Ib.* t., II, p. 180.

II.

Que de renseignements biographiques précieux à recueillir sur les personnages et les érudits de l'époque, dont les noms nous sont surtout connus par les ouvrages qu'ils nous ont laissés! Sans ces indications sommaires échappées de la plume, que saurait-on de ces savants dont l'existence vouée à la science semble se dérober aux recherches des biographes? Savions-nous que Dom Plancher composait la plus grande partie de son *Histoire de Bourgogne* dans l'abbaye de Saint-Germain d'Auxerre, et que l'abbé Lebeuf, désireux de connaître ses travaux, venait souvent trouver dans son laboratoire le trop discret bénédictin, qui ne confiait à personne le secret de ses recherches? (1).

Comment connaîtrions-nous l'origine des relations de Lebeuf avec l'abbé d'Olivet, dont l'autorité était alors si considérable, sans ce passage d'une lettre du 22 janvier 1737 (2) : « Le hazard « m'a procuré chez l'imprimeur de votre académie, la connais- « sance de M. l'abbé d'Olivet, que j'ay eu l'honneur de saluer « depuis quinze jours. Il m'a témoigné beaucoup d'amitié à moy « indigne. »

Et ces détails sur Adrien de Valois, qui, pour faire sa *Notitia Galliarum*, n'était jamais sorti de sa bonne ville de Paris (3).

En juillet 1732, Lebeuf partit pour Soissons, et arriva à Paris quelques jours après. Il espérait y travailler en toute tranquillité d'esprit, ayant laissé à Auxerre, pour le remplacer et y remplir ses fonctions, le chanoine Potel. Il usa de la modeste et économique hospitalité qui lui fut offerte, soit au cloître Notre-Dame, chez un bénéficier de ses amis, l'abbé Magnan, soit au collège de Cambray, soit chez un autre de ses collègues, à Saint-Denis-de-la-Châtre.

C'est à Paris que Lebeuf voulait rester pour y poursuivre fructueusement ses travaux. Il sollicitait fréquemment le Président de s'employer en sa faveur. L'évêque d'Auxerre, qui avait quelque amitié pour lui, le priait en vain de revenir : « Je lui suis fort « obligé, disait Lebeuf, de me retenir en province sans livres et « sans émule. Je lui fis dire et à quelques autres riches de notre « clergé d'acheter par exemple *Bollandus*, qui manque à Auxerre,

(1) Voir la lettre XI.
(2) Ib. XXVIII.
(3) Ib. III.

« et qu'on auroit à bon compte à la vente de la Bibliothèque de
« M. de Targny. Ils ont tous saigné du nez ; je ferai valoir cet
« exemple-là en temps et lieu (1). »

Dans une des lettres suivantes (2), Lebeuf remerciait Bouhier de la recommandation adressée par ce dernier au président de Mazaugues : « J'espère toujours attraper quelque chose, mais cela
« est bien long à venir. »

Lebeuf tenait d'autant plus à ne pas s'éloigner de Paris que l'imprimeur Briasson lui offrait de vouloir bien se charger du supplément du *Bibliotheca Bibliothecarum*, et qu'il désirait s'occuper de ce travail, espérant mettre en tête le catalogue des manuscrits du Président, dont il lui demandait instamment copie (3).

Cette publication des manuscrits de Bouhier était pour l'abbé une préoccupation constante, dont il poursuivait depuis longtemps la réalisation, et dont il parle dans la plupart de ses lettres. Il y revient encore en décembre 1742, quand l'abbé Joly donna la *Bibliothèque des Auteurs de Bourgogne*, que la mort de Papillon ne lui avait pas permis de publier lui-même : « Je suis réjoui
« d'apprendre le succès de la Bibliothèque de M. Papillon. Si on
« la réimprimoit, il faudrait tâcher de la réduire à un in-4° en
« caractère de *cicéro*, et on en débiteroit encore, le prix étant
« diminué de plus de moitié. Mais en ce cas, il en faudroit corri-
« ger les fautes. Si votre libraire était homme d'entreprise, je croy
« qu'il pourroit faire un second in-4° du catalogue de vos manus-
« crits. Cela se vendroit aussi, si l'on étoit sûr que cette prétieuse
« collection de vos ancêtres et de vous, Monsieur, dût rester tou-
« jours au même lieu, ou au moins dans le royaume. Quelle perte,
« par exemple, pour la France d'avoir laissé aller à Rome les
« manuscrits qui venaient de Saint-Benoît-sur-Loire (4) ! »

Le sollicitations de Bouhier en faveur de Lebeuf n'avaient toujours pas grand succès. Les lettres écrites par lui au comte de Maurepas et au procureur général Joly de Fleury, pour lui faire obtenir, en 1741 (5), la place de garde du Trésor des Chartes, devenue vacante par suite du décès de Lancelot, n'aboutissaient à aucun resultat, malgré les promesses vagues qui lui étaient faites. C'est que le procureur général réservait ce poste et le destinait à un de ses parents (6).

(1) Lettre XXXII.
(2) Ib. XXXIV.
(3) Ib. XXXIV.
(4) Ib. XXXV.
(5) *Ib.*, t. II, p. 299, 300.
(6) *Ibid.*, t. II, p. 361.

Mais Lebeuf pouvait se consoler de ces difficultés et de ces ennuis; car ses nombreux travaux et la notoriété de son savoir, lui avaient valu à l'Académie des Inscriptions et Belles-Lettres la succession du fauteuil de Lancelot, dont il n'avait pu obtenir la place. Il reçut à cette occasion les félicitations sincères de tous ses amis, et principalement celles de l'abbé Fenel (1) et de Bouhier (2).

La dernière lettre que nous connaissions de cette correspondance, est du 9 décembre 1743. Elle ne dut pas être très active pendant les deux dernières années de la vie du Président, qui mourut le 17 mars 1746, à l'âge de 73 ans. Depuis longtemps déjà Bouhier était périodiquement atteint de cruelles douleurs de goutte; la fin de sa carrière, quoique remplie par des travaux commencés longtemps auparavant, ne lui laissa pas la même activité dans le commerce épistolaire qu'il entretenait avec tous les érudits.

Ces lettres, en comblant une lacune de la correspondance de Lebeuf, mettent en relief l'influence que le Président Dijonnais exerçait sur son siècle, l'appui intelligent qu'il prêtait aux travailleurs, le rayonnement considérable qui se faisait autour de lui. Elles montrent ce que peut un homme de valeur, en province et en dehors de toute société. Elles prouvent quelles heureuses tentatives et quels travaux sérieux peuvent être entrepris sous la direction d'une initiative puissante et féconde.

Les autres correspondances avec divers savants, que nous publierons, feront ressortir les éminentes qualités de ce grand esprit qui n'a point été surfait. Elles expliqueront le prestige qui s'attachait, au xviii° siècle, à ce nom respecté : LE PRÉSIDENT BOUHIER !

Nous croyons devoir donner plus loin, sous la rubrique APPENDICE, la liste des lettres connues à ce jour, et composant la correspondance entre Lebeuf et le Président Bouhier.

I.

L'ABBÉ LEBEUF AU PRÉSIDENT BOUHIER.
(1729).

Monsieur,

Il y a déjà longtemps que j'ai reçu les remarques que vous avez bien voulu faire sur l'inscription que j'ai trouvée dans nos murs (3). Je suis

---

(1) *Lettres de l'abbé Lebeuf*, t. II, p. 290.
(2) *Ibid.*, t. II, p. 299.
(3) Il est question ici de la fameuse inscription *Aug. sacrum Deœ Icauni*. découverte par Lebeuf en 1721. Voy. *Lettres de Lebeuf*, t. I, p. 241 et note 6.

confus d'avoir tant tardé à vous en remercier. Je puis vous assurer que j'en ferai mon profit pour redresser au moins l'explication du P. Chamillard, qui paroit fort hasardée.

Mais vous me permettrez, Monsieur, de croire toujours qu'il est impossible de décider sûrement de cette inscription, à moins qu'on ait parfaitement sous les yeux le troisième mot qui la compose. Tant que ce mot sera incertain par rapport à la lettre qui le termine, on n'avancera dans l'explication qu'à pas fort douteux. Ce n'est point que la pierre soit rongée. Elle est très belle en toutes ses parties, très dure, très polie. L'incertitude du lecteur vient de l'éloignement, parce que cette pierre est placée à la gauche des yeux du lecteur, dans un enfoncement ténébreux, et que le mot le plus éloigné de tout le quarré est celuy qui finit la première ligne. Je n'attends, Monsieur, que le moment que le propriétaire du logis souffrira qu'on démolisse quelque chose à la main droite, afin d'y pouvoir enfoncer la tête et reconnoître la vérité à la faveur de la bougie dont les yeux se trouveront plus proches. En attendant, je puis vous certifier que le mot ICAVNI y est très sûrement et d'une manière non douteuse, et qu'il n'y a nulle apparence qu'on y ait jamais gravé autre chose. Ainsi ICAVNAE n'y a jamais été gravé. Cette pierre est toute différente de celle où est l'inscription de Juconde. A l'une, le caractère est fort menu et tout usé, c'est celle de Juconde. A l'autre, le caractère est très gros et très bien conservé. Il n'y a que l'éloignement de l'angle droit de la pierre qui empêche de découvrir la véritable lettre finale. Je ne désespère pas, Monsieur, d'en venir à bout un jour. Alors je prendrai la liberté de vous en donner avis (1).

Je vous prie d'agréer, en attendant, un exemplaire de mon petit livre (2).

(1) Les détails dans lesquels entre Lebeuf au sujet de cette inscription sont très intéressants. Il est à désirer qu'on en arrive enfin à la découverte de la pierre qui la porte et qui est placée dans le haut de la rue de la Boucherie.

Nous ajouterons à cette occasion quelques mots tirés d'une lettre adressée par Dom Baillière, religieux de Saint-Germain, à D. Bernard de Monfaucon, et datée du 10 juin 1721. Il lui dit : « Que M. Lebeuf a beaucoup de talent et de bon goût pour les antiquités, et qu'il lui envoie une inscription que ce dernier a découverte dans l'épaisseur des murs de la cité d'Auxerre, assez près de la porte appelée au ve siècle *Porta Balnearis*. La pierre a environ quatre pieds en tous sens. Le côté de l'inscription est en dedans du mur, et on ne l'a pu lire qu'avec bien de la peine. Les lettres sont cependant très bien formées et hautes comme le petit doigt. On voit dans le même endroit des restes de colonnes comme bases, chapiteaux, et même des restes de statues dont on n'aperçoit que des bouts de draperies, le reste ayant été enfoncé dans le mur même. »

Bibl. nat. F. fr. 17703, f. 116, corresp. de Montfaucon, rés., St-Germ., vol. 1315.

(2) Lebeuf fait allusion à son *Histoire de la prise d'Auxerre* où il reproduit l'inscription *Deæ Icauni*.

Il a fallu que j'aye attendu que le libraire en eût fait venir de Paris ou de Troyes de moins mal reliés que ceux qui ornoient sa boutique. C'est en partie la cause de mon délay.

Vous aurez lu à la tête du 1er *Mercure* de juin (1) ce que j'ai envoyé à l'auteur, touchant un reste de colonne que l'on dit être ou avoir existé à Saquenay (2). Je me suis flé à une copie figurée écrite en 1666, en présence du P. Chifflet. Vous avez tous les jours des voyageurs en état de décider si je n'ai point été trompé. C'est, dit-on, la grande route de Dijon à Langres. Mais je m'aperçois que je deviens trop diffus et que je me vois obligé de finir sans avoir presque songé à vous réitérer les rem. ciements que je vous dois de la communication que vous avez la bonté de donner à M. Gandrillet de vos manuscrits. Avec une table exacte, on sçauroit s'ils contiennent quelque chose sur la Magdeleine, que j'ai entrepris de débrouiller. Le même *Mercure* en a déjà donné un morceau.

II.

L'ABBÉ LEBEUF AU PRÉSIDENT BOUHIER.

Auxerre, le 19 janvier 1732.

Monsieur,

Aussitôt après avoir reçu l'honneur de votre dernière lettre, qui m'a été envoyée de Fontainebleau par la voie publique, j'ai fait part de ce qu'elle contenoit à M. de la Roque (3). Il m'a fait réponse qu'avant que de m'envoyer ses remarques sur les objections que vous me faites, il seroit bien aise que vous eussiez vu ce qu'il a écrit sur les médailles de Marseille dans le *Mercure* de septembre 1723, afin de répondre en même temps à tout ce qui regardera le même sujet. Comme je n'ai point les *Mercures* de 1722, n'ayant commencé qu'en 1724 à faire connaissance avec M. de la Roque, j'ay eu recours à un de nos chanoines, qui m'a prêté celuy que M. de la Roque vous prie de consulter, et j'y ay lu une pièce de luy qui

---

(1) C'est dans le *Mercure* de juin 1729 que Lebeuf a parlé de la colonne de Sacquenay. Sa lettre paraît être de peu de temps postérieure.

(2) Sacquenay, canton de Selongey (Côte d'Or). La borne milliaire en question avait été découverte en 1703; elle porte une inscription en l'honneur de l'empereur Claude. Elle est conservée au musée de la Commission des antiquités de la Côte-d'Or à Dijon.

(3) Antoine de la Roque, né à Marseille en 1672, mourut le 3 octobre 1744 à Paris. Il avait obtenu en 1722 un privilège pour continuer le *Mercure de France*, dont il fut jusqu'à sa mort l'un des principaux rédacteurs. Son frère aîné Jean de la Roque, âgé de quatre-vingt deux ans, en 1744, sollicita le privilège, et eut aussi plusieurs articles insérés dans ce recueil estimé, dont la collection comprend 977 vol. in-12. Au sujet de la mort du chevalier Antoine de la Roque, voir une lettre adressée à l'abbé Fenel, *Lettres de Lebeuf*, t. II, p. 507. — Il y avait trois frères de la Roque, au sujet desquels il faut consulter notre Xe lettre.

m'a paru sçavante. Comme il m'a donné l'empreinte de la médaille dont il ne parle que dans un *Mercure* de l'année suivante, j'ay détaché l'estampe de ce *Mercure* de 1723, et je l'ay jointe à celuy où est sa dissertation, afin de ne pas grossir le pacquet inutilement. J'attendray maintenant qu'il vienne icy quelqu'un de votre part, courrier ou autre, me le demander pour le luy confier, et ensuite vous pourrez le garder jusqu'à ce qu'il se présente quelque occasion pour me le renvoyer. Le chanoine à qui il appartient n'en est pas pressé, mais il seroit fâché qu'il fût perdu.

Je ne sçavois pas précisément quand M. de la Roque a commencé à travailler au *Mercure* : il me marque positivement que ça été aux mois de juin et juillet 1721 (1).

Il y a, Monsieur, dans la *Notitia* de M. de Valois, une circonstance particulière touchant la ville de Dijon, laquelle vous pouvez m'éclaircir. Je suis par avance de l'avis de ce grand homme sur l'étymologie de Dijon, mais je souhaiterois encore sçavoir votre sentiment. Il dit qu'il y avoit anciennement des fontaines précieuses dans l'endroit au milieu duquel Dijon se trouve. Les fontaines sont-elles donc cessées, et n'y a-t-il plus que celle qu'il appelle *des Vaines* ?

Comme tout l'article où il traite de Dijon doit vous être familier, je vous prie encore, Monsieur, très humblement, de me confirmer dans ce qu'il y dit incidemment touchant l'étymologie d'*Epona*, par rapport au langage celtique. Il y a Diges et Eppoigny, dans le diocèse d'Auxerre, duquel je fais la description. Il y a une source à Diges qui peut avoir donné occasion à son nom. Eppoigny se disoit *Epponiacus*, dès le vi[e] siècle. Ce lieu existoit comme patrimoine de saint Germain, notre évêque, dès la fin du ive. Il me paroit assez vraisemblable qu'il tire son nom de la même origine qu'*Epona*, surtout avec les deux *pp*, comme ils sont dans le grec pour signifier *equus*. On m'a dit que le P. Oudin (2), jésuite, est au fait de la langue celtique, mais par ce qu'il m'a écrit sur *Autricidorum* ou sur *Vellaunodurum*, j'appréhende qu'il ne devine quelquefois.

---

(1) Antoine de la Roque collaborait donc au *Mercure* avant d'en avoir la direction. Le *Nouveau Mercure*, qui avait succédé au *Mercure Galant*, fut rédigé de 1717 à 1721, par l'abbé François Buchet, et remplacé par le *Mercure*, rédigé par Charles Rivière Dufresny, de 1721 à 1722, lequel fut remplacé par le *Mercure de France*, 1723-1791.

(2) François Oudin, jésuite, né à Vignory (Haute-Marne), le 1er novembre 1673, décédé à Dijon le 28 avril 1752, était un des plus assidus compagnons de travail de Bouhier, et c'est sans doute par son intermédiaire que Lebeuf et Oudin entrèrent en relations et en correspondance, comme on le voit par cette lettre. On doit à Oudin de nombreux articles dans le journal de Trévoux, l'ouvrage intitulé *Bibliotheca scriptorum societat. Jes.*, et ce qui a plus d'intérêt pour nous, les *Commentarii* ou Mémoires sur le président Bouhier, adressés à son petit-fils Marc-Antoine de Bourbonne.

III.

L'ABBÉ LEBEUF AU PRÉSIDENT BOUHIER.

Auxerre, 14 févrer 1732.

Monsieur,

Je m'apperçois que je ne me suis pas expliqué assez exactement lorsque j'ay eu l'honneur de vous écrire touchant le tombeau de saint Amatre, proche Auxerre. C'est à l'occasion du monticule dont on voit des vestiges à ce tombeau. Il faut distinguer le corps du tombeau d'avec le couvercle. Le corps du tombeau étoit composé de deux grosses pierres, dont l'une avoit servi originairement à ce monument votif dont j'ai essayé de donner l'explication. Le couvercle étoit composé de deux ou trois pierres différentes dans le grain même de celles du tombeau. Ces pierres étoient taillées un peu en forme convexe de cette sorte. Sur celle qui composoit le milieu du couvercle, on y voyoit deux trous remplis en partie de plomb et de fer rongé, lesquels trous n'ont pu servir, dans la situation où ils sont, qu'à supporter quelque chose qui s'appliquoit sur le tombeau; or, je ne crois pas que ce soit autre chose que le........, parce que l'un des trous est à droite du tombeau, et l'autre à gauche; il devoit y avoir deux barres de fer qui entroient chacune dans une pierre de chaque côté, dans la jonction formant comme une espèce d'arcade : car si le milieu eût été plein, on auroit aussi également fortifié les pierres qui y aboutissoient par une barre de fer. Ce qui m'a fait naître cette pensée lors de cette trouvaille, est que je me souvins d'avoir lu dans le *Bimestre* de janvier, de feu M. Chastelain, chanoine de Paris, au 16 janvier, à l'occasion de Saint Honorat d'Arles, que l'on voit à Arles dans le cimetière du nom de ce saint, des sépulcres couronnés de deux manières, les uns de cette sorte et les autres de celle-cy. Ce sçavant chanoine avance, je ne sçay sur quel fondement, que cette dernière manière de couronnement marque que la personne renfermée dans le tombeau étoit la dernière d'une famille, ou bien une personne morte sans postérité. Pour moi, je trouve tout à fait dans cette figure la forme du ponticule marqué dans la loy salique, et je croy que c'en est véritablement. Il me paroît que ces sortes d'arcades devoient être de pierre, parce que celles de bois auroient duré trop peu, surtout à l'air. Le plomb trouvé dans l'endroit des jointures le dénote assez, et parce que le fer s'use plus facilement dans la pierre que dans le bois, il avoit été nécessaire de l'employer. Je ne voy donc pas que notre ponticule de Saint-Amatre, ni ceux d'Arles ayent beaucoup de rapport au *ligneum culmen* (1) dont vous êtes en peine. Ce

---

(1) Ce *Ligneum culmen* était une arcade dorée, sur laquelle on mettait l'image et l'épitaphe de l'empereur romain.

ligneum culmen devoit plutost avoir l'air d'une pyramide que d'un simple ponticule. Vous remarquerez sans doute, Monsieur, que dans la seconde figure l'arcade a assez l'air de deux...... C'est pourquoy j'entre bien volontiers dans le sentiment que vous me proposez touchant l'application du *sub ascia dedicavit*, quoique cependant on trouve aussi des petites doloires marquées sur des tombeaux, ce qui est bien différent d'un ponticule. Il me vient une pensée à ce moment, je ne sçay si je dois l'hazarder, qui est que tant que le paganisme a duré parmi les Gaulois, même romanisez, et chez les Allemans, on représentoit ces sortes d'erminettes sur les tombeaux, mais que depuis on s'est contenté d'en retenir la figure au-dessus du sépulcre par cette manière de ponticule, en couronnant d'une croix la pointe de ce ponticule.

Vous m'avez fait un très grand plaisir, Monsieur, en me développant ce que M. de Valois a marqué sur Dijon. Ce n'est pas le seul endroit où il me paroît avoir été mal informé. Je trouve de temps en temps de quoy y réformer.

Je ne m'éloignerois pas de donner un jour un supplément de son *Notitia Galliarum*, où je ferois entrer les corrections avec les augmentations. Je ne suis pas assez habile pour entreprendre de le confondre, et quand je le pourrois, je ne le ferois pas. Les mânes de cet illustre défunt m'en voudroient du mal. Vous sçavez ce qu'il dit sur la fin de sa préface, à la page XXV. La pièce de vers que je viens de lire touchant Monseigneur votre nouvel évêque, me fait ressouvenir de vous demander si vous ne regardez pas comme sûr et constant que le Fontaines où naquit saint Bernard était Fontaines proche Dijon (1). Si c'étoit au Fontaines de Champagne, la note mise au bas de la dernière page du journal viendroit fort mal à propos. M. de Valois n'est pas de l'avis que saint Bernard fût né proche Dijon. Il marque au bas de la page 198, que c'est Fontaines proche Bar-sur-Aube. J'ay été à ce dernier Fontaine ; ce n'est qu'un méchant hameau dépendant d'une paroisse située au faubourg de Bar-sur-Aube. Je ne voy pas sur quel fondement M. de Valois a pris ce Fontaine pour le pays natal de saint Bernard. Si c'est à cause que c'est à deux lieues de Clairvaux, c'est une pauvre raison. Il me paroît que M. de Valois écrivoit sans voyager, il a fait des fautes si frappantes que l'on diroit que jamais il ne seroit sorti de Paris, sa bonne patrie.

Je vous dois, Monsieur, de très humbles actions de grâces de m'avoir procuré le catalogue des cures de l'évêché de Dijon. Le nom des saints patrons de chaque village n'auroit pas nui, mais c'étoit aussi un peu trop exiger. Je sens par expérience que cette hagiologie sert cependant à redresser certains points de notre géographie. J'ay trouvé par ce moyen-là de quoy redresser le torrent des écrivains qui prennent le *Mediolanum*

---

(1) Ce fait est hors de doute, Tecelin Sorus ou le Roux, père de saint Bernard était seigneur de Fontaines-lès-Dijon, qui appartenait au xie siècle aux sires de Châtillon-sur-Seine, dont la généalogie a été mal faite jusqu'ici.

castrum de saint Grégoire de Tours pour Mehun-sur-Yevre. J'espère aussi par le même moyen venir à bout de mieux rencontrer que M. de Valois dans le *Portus Abucini*. Ce ne seroit pas une chose indifférente qu'une notice du nouveau diocèse de Dijon. Elle conviendroit parfaitement à un Dijonnais tel que M. Papillon (1). J'y travaillerois bien en chemin faisant, si j'avois tous les livres nécessaires ; mais il me manque icy trop d'originaux, chacun n'ayant que les abrégez qui n'entrent dans aucun détail. J'entrevois, par quelques extraits que j'ay fait autrefois de la collection de M. Pérard (2), et de ce que le P. Labbe a tiré des titres de Flavigny, qu'autour de Dijon, de tous les côtés, c'est *Pagus Atoariorum*. A ce compte, Dijon devroit aussi y être compris ; mais a-t-on conservé un nom vulgaire qui réponde à ce terme latin, de même qu'on dit le Duemois, le Beaunois, l'Auxois ? M. de Valois, p. 550, col. 2, a quelquefois francisé les noms à sa façon ; car, au lieu de dire que *Sagonacum* et *Lucus* sont Saquenay et Lux, il met Sagonay et Luce. Lux est de votre nouveau diocèse. Saquenay est célèbre par la colonne milliaire qui y reste. Je viens de relire ce que M. de Valois a écrit à la page 50. Il satisfait assez, hors qu'il met de trop *Tornodorensi*. Je regrette de n'avoir point fait connaissance, lorsque j'étois plus jeune, avec M. Charles, prieur d'Ahuy ; il me paroît, par la relation où il a été avec M. l'abbé Chastelain (3), qu'il étoit d'humeur à bien éplucher ces sortes de curiosités. Ses papiers sont sans doute dans le cabinet de quelque sçavant de Dijon.

Ce que vous m'avez marqué, Monsieur, touchant la médaille de Vaballathus m'a fait relire avec plaisir les deux lettres qui sont à ce sujet dans le P. Desmoletz. Ne sachant pas que vous êtes l'auteur de la première, j'ay aussitost rempli de votre nom en entier ce qui se lit à la tête. Il resteroit à en faire autant à la page 443, où je vois seulement que c'est un sçavant de vos amis qui vous écrit.

Comme vous aimez la vérité en toutes choses, je croy pouvoir vous communiquer une pensée qui m'est venue depuis les contestations arrivées à Autun, au sujet de leur nouveau bréviaire. Après avoir un peu examiné les écrits d'Honorius, réputé d'Autun, il m'a paru qu'il n'est aucunement Bourguignon. Je pense que c'est un Alleman. De tous les biblio-

---

(1) Papillon était alors occupé à rédiger sa *Bibliothèque des Auteurs de Bourgogne*, et paraît avoir donné tout son temps à ce seul ouvrage.

(2) Outre le volume des chartes relatives à la Bourgogne, qui a été publié en 1664, par les soins de son fils, Etienne Pérard avait laissé quatorze volumes de manuscrits très précieux, extraits de la Chambre des comptes, dont plusieurs sont encore conservés à la bibliothèque de Dijon et à la Bibliothèque nationale.

(3) Claude Chastelain, chanoine de N.-D. de Paris, avait été, nous ne savons par suite de quelles circonstances en relation avec Lebeuf et même son professeur. Il en est souvent fait mention dans les *Lettres de Lebeuf*, voir t. I. p. 5, 148, t. II, p. 290 et principalement p. XXV de la préface du t. I.

théquaires qui en ont parlé, il ne me reste à consulter que Dom Remi Cellier, qui a refondu M. Dupin. Je ne sçay s'il aura suivi la foule qui, jusqu'icy, l'a cru prêtre d'Autun. Pour moy, je le croy d'Ausbourg, ou d'Augt, proche Bâle, qui a été quelquefois appellé *Auxbudunum*. Vous pourrez avoir de ses manuscrits, mais vous n'y trouverez que le nom d'*Honorius Solitarius*.

Quoique cette lettre soit déjà longue, vous me permettrez cependant, Monsieur, de ne point la finir sans vous demander encore si par le *Canapis* du testament de saint Léger, il faut entendre Chenôve, proche Dijon. Une des marques décisives seroit si l'évêque ou le chapitre d'Autun y avoient de gros biens. Si ce n'est point votre Chenôve, ce sera sans doute celuy qui est dans le diocèse de Challon, à 5 lieues ou environ, proche Bussy au soleil de 4 heures (*sic*). Ce nom latin de Chenôve me fortifie pleinement dans l'idée que j'ay eue que le *Canapum* de l'Itinéraire d'Ethicus (1) est non Orléans, mais Chenou, proche Châteaulandon, où j'ay passé exprès l'an dernier pour examiner les anciennes routes.

IV.

L'ABBÉ LEBEUF AU PRÉSIDENT BOUHIER.

Auxerre, ce 27 février 1732.

Monsieur,

On vient de m'envoyer de Paris l'original de la réplique que l'anonyme d'Orléans (2) fait à la réponse que j'ay eu l'honneur de vous adresser. J'en ai fait aussitost une copie, laquelle je prends la liberté de vous envoyer, vous suppliant de vouloir bien m'aider des raisons qui vous viendront sans doute contre les raisonnemens de ce bourgeois. J'ay trouvé déjà dans Vopisque de quoy appuyer la croyance qu'on doit avoir aux faits rapportez par Lampride. Il le met parmi ceux qui ont écrit *non tam diserte quam vere*. M. de Tillemont n'avait pas oublié cette remarque, t. IV, p. 66.

Je feray ensuite valoir la distinction qu'il y a entre dire qu'une association est fausse et dire que l'histoire qu'on en a contient des circonstances qui *paroissent tenir* de la fable. C'est le langage modéré de ce même M. de Tillemont, t. III, p. 193. Ce qui revient à dire que quelques-unes des circonstances de cette association tiennent du comique, et c'est ce que je ne nie pas, puisque page 2844 du *Mercure* d'octobre, je consens volontiers à la croire simulée du costé d'Alexandre. N'a-t-on pas des exemples dans l'histoire de pareilles comédies, qui ont servi à leurrer certains courtisans.

---

(1) Ethicus, géographe du IVe siècle, a donné son nom à l'Itinéraire qu'il avait fait et qui nous été conservé.

(2) Voyez sur Daniel Polluche, érudit orléanais, *Lettres de Lebeuf*, t. II, p. 421 et 508. Son nom figurera dans les lettres suivantes, bien que plusieurs de ses travaux ne soient pas signés.

Voilà, Monsieur, les deux premières raisons de défense qui me sont venues en lisant et en transcrivant cette réplique, que je n'ay reçeue que d'avant-hier. Si j'étois mieux fourni de livres que je ne le suis, ou que je fusse à Paris, je me flatte que dans quelques jours j'aurois abondamment de quoy répondre et réfuter mon adversaire. Mais croiriez-vous, Monsieur, que je n'ay pas même Gruter, et que lorsque j'en ay besoin il faut que j'aille au bout de la ville le consulter, à l'abbaye de Saint-Germain. Je n'ay que la vieille édition de Bâle, de 1518, des *Historiens des empereurs romains*; et pour ce qui est des médailles, comme je n'ay pas le loisir de m'en mêler à fond, trois ou quatre livres sur cette matière sont toute ma richesse. J'espère donc, Monsieur, qu'à la première lecture de la lettre du sieur D. P. (1), il vous viendra abondamment de quoy me suggérer ou suppléer à ma disette. Hérodien n'est point dans la collection de 1518, je pourrois bien me servir des conjectures qu'avance M. de Tillemont, page 477 de son 3ᵉ volume, mais elles ne me paroissent pas d'un grand poids. Malheureusement un orfévre d'icy fondit, l'été dernier, une trouvaille de médailles qui venoit d'être faite, dont il n'en n'est resté que quatre, entre autres une d'Alexandre Sévère : ce qui me fait croire qu'il y en avoit plusieurs de cet empereur, parce que les quatre sont environ du même temps que cet empereur. Je me servirai au reste de ce que dit M. de Tillemont, t. III, p. 194, qu'il paroit qu'Alexandre n'alla pas jusqu'aux ennemis dans l'expédition de 228, et qu'il laissa le soin de leur défaite à Varius Macrinus.

Ne serez-vous pas étrangement surpris de ce que l'écrivain orléanois dit, au milieu de la 2ᵉ page, qu'il faudroit que l'évènement rapporté par Lampride fût encore raconté par d'autres historiens pour qu'il pût être cru. Il doute de l'existence d'un Septimius, d'un Acotius, d'un Ancolpius, parce qu'il n'y a qu'un seul historien qui atteste avoir vu leurs mémoires. De quoy ne devra-t-on point douter après cela ? Notre histoire de France va se voir exposée à une infinité de pièces de rebut, si le principe de M. D. P. a lieu. Je vous laisse, Monsieur, à en dire davantage, et je me flatte que vous voudrez bien aider de vos lumières celui qui est, avec un très profond respect, etc.

P. S. — Je ne sçay si la seconde pièce du *Mercure* de janvier 1732, qui est au sujet d'une médaille d'*Hercule adjutor*, ne seroit point du même écrivain d'Orléans, car elle est datée de cette ville-là. Si vous y trouvez quelque chose à reprendre, vous me ferez, Monsieur, un sensible plaisir de m'en avertir ; j'aymerois cependant encore mieux que vos remarques fussent revêtues de votre nom.

Je ne produirai ma réponse qu'après que la réplique du sieur D. P. (2) aura paru dans le *Mercure*, et je vais envoyer l'original. Vous pouvez, Monsieur, en garder la copie que je vous envoye.

IV *bis*.

Suit le brouillon autographe d'une longue dissertation du président

(1) Daniel Polluche, d'Orléans.
(2) Daniel Polluche.

Bouhier, intitulée : « *Si l'association d'Ovinius Camillus à l'empire, par Alexandre Sévère est vraye ou fausse.* » (1).

(Mss. n° 1212, fol. 139-142).

V

L'ABBÉ LEBEUF AU PRÉSIDENT BOUHIER.

Auxerre, ce 27 mars 1732.

Monsieur,

Je me donne l'honneur de vous écrire pour vous remercier des sçavantes remarques que vous avez eu la bonté de m'envoyer par M. le Doyen, touchant l'écrit du sieur Polluche. Je les ay mises en œuvre tout aussitost, et j'ay tâché de suivre de point en point toutes les réflexions que vous faites, excepté sur un article dont j'aurai l'honneur de vous parler plus bas. Mon écrit étoit déjà rédigé lorsque j'ai receu votre dernière lettre, à la fin de laquelle vous me proposez encore ce que vous avez lu dans Tristan. Cependant j'ay trouvé encore place à cette remarque, après l'avoir vérifiée dans le Digeste. C'est tout ce que j'ay pu faire là-dessus, parce que les œuvres du sieur Tristan ne se trouvent point dans cette ville, non plus que bien d'autres. J'ay aussi écrit tout aussitost à M. de la Roque pour l'inviter à donner le desseing de la médaille d'*Hercules adjutor*, ainsi que vous le souhaittez. J'espère qu'il obtiendra cela dudit sieur Polluche, qui est vraisemblablement l'auteur de l'écrit que vous avez lu sur ce sujet dans le *Mercure* de janvier.

Pour revenir, Monsieur, à vos doctes observations sur Ovinius, j'aurai l'honneur de vous dire que je me suis mis à relire encore une fois Lampride avant que d'entreprendre ma réponse à l'Orléanois, et que j'y ai trouvé un petit endroit qui fait mention d'une guerre qu'Alexandre a eu contre les Sarmates. C'est dans le discours qu'il tint à ses soldats étant à Antioche. Il leur remit à la mémoire les leçons qu'ils avoient reçues de leurs rapitaines depuis qu'ils étoient à son service, il leur dit que ce n'étoit pas contre luy qu'on leur avoit appris à élever leur voix, mais contre les Sarmates, contre les Germains et contre les Perses. Ainsi, il m'a paru que cet empereur leur remettoit, par ordre des temps, leurs anciennes campagnes. Comme les Perses n'ont pas pu être qualifiés de peuples barbares par Lampride, il faut que *l'expédition barbarique* dont il parle, à l'occasion d'Ovinius, soit celle ou des Sarmates ou des Germains. Outre ce petit mot du discours d'Alexandre, qui fait mention des Germains on a, comme vous sçavez, une médaille qui fixe une victoire remportée sur les Germains. C'est donc à cette campagne que je continue d'attribuer la scène d'Ovinius, ou bien à celle qui fut faite contre les Sarmates, peut-être dès les premières années du règne d'Alexandre. Il n'est pas impos-

---

(1) Ces réflexions faites à la prière de l'abbé Lebeuf en mars 1732, ont été utilisées dans sa dissertation sur ce sujet, insérée au *Mercure de France* d'août 1732, p. 1709.

sible qu'on ne découvre un jour quelque médaille qui représentera cette victoire sur les Sarmates. En attendant ce bonheur, les paroles d'Alexandre me suffisent pour prouver qu'il y a eu une guerre contre ces barbares, et que c'est la première qu'il a eue. Quand Hérodien donne à entendre que la guerre de Perse fut la première à laquelle cet empereur se trouva en personne, et que jusque-là il avoit été élevé dans la plus profonde paix, je pense qu'on doit mettre cela dans le rang des fautes de cet historien, peu informé de ce qui se passa au commencement du règne d'Alexandre, surtout dans l'Occident. Au défaut des écrits de Septimius, d'Acolius, Encolpe, Gargisius, Marius Maximus, Aurèle Philippe, on doit s'en rapporter à ce que nous a laissé Lampride, qui avoit puisé dans ces ouvrages composez sur Alexandre seul, ce qu'il avoit jugé à propos; ce qui m'a encore déterminé à ne pas beaucoup m'éloigner de ma première pensée et à croire que quoique le *dominorum* s'entende plus naturellement de Mammée et de son fils, Ovinius cependant peut aussi y être compris, est que selon le texte de Dion, que j'ay consulté, il n'y eut qu'un assez court espace de temps entre la mort d'Ulpien et la promotion de Dion au consulat, et que cet historien assure que ce fut pendant l'éloignement du principal auteur de ce meurtre qu'il y eut grand nombre de révoltes tramées à Rome : *Præteriant post Ulpianum me quoque auminati sunt...... at Alexander horum rationum habuit nullam.* Quand l'intervalle entre le massacre d'Ulpien et l'élévation de Dion au consulat seroit plus long que je ne me l'imagine, en avançant par là l'association d'Ovinius à l'an 224, 25 ou 26, cela rendra le *Diu vixit* de Lampride encore plus intelligible, puisque si c'est dans l'une de ces deux années, ou même encore qu'Alexandre partit avec Ovinius contre les Sarmates, cela donne plus de sujet d'entendre Alexandre que ce fut luy qui le fit mourir dans ses terres, après qu'il y eut passé un temps considérable, ce qui auroit de la peine à s'accommoder avec le petit intervalle qui fut entre la guerre des Perses et la fin du règne d'Alexandre.

Voilà, Monsieur, en abrégé, le sujet de la 2ᵉ dissertation, que vous me permettrez encore de vous adresser ainsi que j'ay fait la première, puisque c'est à vous que je puis dire qui en avez fait toute la dépense, en me fournissant d'excellents matériaux.

Depuis votre dernière lettre, l'on m'a envoyé de Paris plusieurs journaux de *Trévoux* de 1731. Vous les avez sans doute vus. Je n'ay que jusqu'à celuy de septembre inclusivement. Mais j'y trouve qu'on a fait à Lyon, sur la montagne proche Saint-Irénée, des découvertes de tombeaux encore plus heureuses que les nôtres de Saint-Amatre. L'auteur des observations insérées dans les Mémoires du mois de septembre auroit pu remarquer s'il y avoit des vestiges d'arcades ou de ponticules sur ces tombeaux. Je ne me rappelle pas avoir vu aucuns tombeaux couverts d'arcades telles que vous me les représentez, mais seulement des tombeaux de saints enfoncés sous des arcades ou sous des autels, dont le derrière est pratiqué en forme d'arcade, mais toujours ces arcades sont indépendantes des tombeaux. Si j'en trouvois de telles que vous me les dépeignez, je ne manquerois pas d'y donner toute mon attention et de vous en faire part.

Les inscriptions chrétiennes que j'ay lu (*sic*) dans les Mémoires de Trévoux (septembre 1731) me font ressouvenir de vous parler d'une de ce genre qu'on trouva à Saint-Amatre l'an passé. Elle est gravée sur une pierre qu'on trouva couchée sur le couvercle du tombeau, mais elle n'est que commencée. On y apperçoit que le graveur avoit pris son plan pour graver les lignes, et il n'a gravé que la première ; les autres paroissent n'avoir été tracées que très légèrement, et on diroit avec la pointe d'une épingle, encore qu'on n'y pût rien reconnaître. Voicy le caractère de la première ligne :

HIC JACET PVNIAI V° MI

Ce tombeau contenoit le corps d'une personne de 18 ans ou environ, avec quelques ossements d'un très petit enfant, et comme d'un enfant qui venoit de naître, à en juger par le *tibia*. On trouva, proche les reins de cette personne, une boucle de cuivre rouge et une petite machine de fer rouillé, où étoit attaché une espèce de crampon de même cuivre, et, vers le même endroit, quelques restes de fil d'archal tortillé *in modum cicinnorum*. Ces lettres sont plus anciennes que le gothique, je les ay figurées telles qu'elles sont : elles sont chacune de la hauteur d'un pouce. Comment interpréteriez-vous, Monsieur, la fin de cette ligne ? Cela ne voudrait-il point dire : *in voto mi*, en sorte que le graveur, s'il eût continué eût mis à l'autre ligne *nus constans* ou quelque terme équivalent. Ne serait-ce point quelque jeune fille qui seroit morte de couches ou peu après ses couches, et qu'on auroit inhumée avec son enfant, je dis une fille qui auroit fait autrefois vœu de chasteté. On avoit peut-être eu envie de marquer le sujet de sa mort, et ensuite on s'en sera abstenu, comme étant déshonorant pour elle. Ou bien le reste de l'épitaphe n'avoit été que peint, et la peinture se sera effacée. Vous sçavez que nous avons au vi[e] siècle un comte appelé *Poenius*, qui fut père du fameux *Eunius Mummolus*, desquels saint Grégoire de Tours parle dans son histoire. Serait-ce une fille de cette famille ? Les anciens qui écrivaient Punia pouvoient prononcer *Poenia* ou *Pounia*. Je m'en rapporte entièrement à vous.

VI.

A la suite de cette lettre, Lebeuf envoya au président Bouhier le mémoire du sieur Polluche, d'Orléans, copié de sa main et intitulé : *Réplique de M. D. à la réponse de M. Le B. sur son explication de l'inscription d'Auxerre, imprimée au Mercure de France d'avril 1732, p. 674.*
(Ce mémoire occupe les fol. 145 et 148).

Le président Bouhier répondit à cette lettre de l'abbé Lebeuf, mais il n'a conservé de cette lettre que la partie en forme de mémoire contre la réplique de M. Polluche à M. Lebeuf.   (Fol. 146-147 du Mss.).

VII.

L'ABBÉ LEBEUF AU PRÉSIDENT BOUHIER.

Auxerre, ce 15 octobre 1732.

Monsieur,

Ce n'est pas ma faute, si vous recevez d'abord le *Mercure* dans lequel est renfermé l'écrit dont vous avez eu la bonté de me fournir la plupart des matériaux.

Comme M. de la Roque est fort aagé et infirme, il a eu le malheur d'oublier cet envoy qu'il m'avoit promis dès le mois d'aoust, et je ne viens que de recevoir ce volume pendant l'embarras de nos vendanges. Au moment que je commence à respirer, je me donne l'honneur de vous assurer de mes très humbles respects et de vous réitérer les marques de ma reconnoissance.

Le sieur Polluche ayant encore donné quelque chose comme nouveau dans un des derniers *Mercures*, touchant une inscription ecclésiastique d'Orléans, je me suis cru obligé de la réfuter. Ce négotiant a dans le fond beaucoup de connoissance en fait de médailles, et je ne veux point luy ravir son mérite, ny ne songe à le ternir. Vous reconnoîtrez aisément, Monsieur, qu'il est auteur des remarques sur les médailles de *Lucille* ; je ne suis pas assez foncé pour sçavoir s'il a rencontré juste : ce qu'il dit en ce genre me paroît vraisemblable. Au reste, votre jugement l'emportera par-dessus tout.

Je vous prie d'agréer le petit volume broché, le *Mercure* d'aoust, que M. de la Roque et moy vous envoyons, comme une marque de respect profond avec lequel nous sommes, et moy en particulier plus que personne, etc.

VIII.

L'ABBÉ LEBEUF AU PRÉSIDENT BOUHIER.

Auxerre, ce 12 décembre 1732.

Monsieur,

La politesse qu'a M. de la Roque de m'envoyer la réplique du sieur Polluche avant que de la faire imprimer, m'engage à vous en donner communication. J'en ay donc fait aussitost copie, et je vous l'envoye, sûr d'obtenir votre jugement sur cette pièce. L'auteur se déchaîne de plus en plus contre Lampride, ainsi que vous verrez. Je ne suis pas fort embarrassé de répondre à la plupart des fautes qu'il croit voir dans cet historien. Il n'y a que la citation de Pomponius et d'Alphinus, jurisconsultes, qui me fait de la peine, s'il est vray qu'ils fussent morts longtemps auparavant, comme on marque que Cujas le dit. Quant à la comparaison dont il se sert, du roy qui harangueroit ses soldats, je la trouve trop différente dans Alexandre reprenant ses soldats, pour m'y arrêter. Je souhaiterois sçavoir seulement où l'on trouve que les Romains eussent l'usage de styler les soldats à certains cris avant que de les faire partir ; vous m'en insinuez,

Monsieur, quelque chose dans la dernière lettre dont vous m'avez honoré. M. Polluche se rapporte assez à mon sentiment en disant que la guerre d'Alexandre contre les Sarmates a pu être la même que celle contre les Germains, mais comme il ne jure que par Hérodien et par le P. Pagi, il ne faut pas s'étonner qu'il place aussi la guerre de Perse environ dans le même temps, et qui est celui que M. de Tillemont appuie solidement dans une de ses notes. Je croy, avec M. de Tillemont, que toutes les guerres qui précédèrent celle de Perse furent de peu de conséquence et qu'elles ne firent pas une interruption notable de paix. Ce que dit Lampride au sujet d'Ovinius, et sa mort arrivée par ordre d'Alexandre, m'ont paru devoir engager à éloigner de la dernière année du règne d'Alexandre l'expédition dont parle Ovinius, plus que ne l'est la guerre de Perse. Au reste, vos lumières venant à mon secours, je ne puis que me trouver très fort. M. Polluche se jette sur les inscriptions lapidaires lorsque je parle de livres, et il prend de là occasion de faire voir qu'il ne perd point de vue les tables de Gruter.

Je ne sçay, Monsieur, s'il est de votre goût que M. Polluche s'explique comme il fait dans son préambule; j'ay envie de conseiller à M. de la Roque d'omettre cela. Vous sçavez combien il est réel et véritable que c'est de vous que je tiens la plupart des raisonnemens que j'ay employez, et je vous en ay marqué une parfaite reconnoissance; j'ay l'honneur de la renouveller icy et de me dire icy avec le plus profond respect. etc.

[A la suite de la lettre précédente se trouve copié, de la main de l'abbé Lebeuf, le mémoire en réponse à M. L. B., par le sieur P., mémoire ou réponse qui occupe les fol. 132, 133 et 134 de ce recueil, d'une écriture assez serrée. Voici le préambule de ce mémoire, dont Lebeuf demandait la suppression] :

RÉPLIQUE A M. L. B., D'AUXERRE OU RÉPONSE A SA DERNIÈRE LETTRE.

Je ne m'attendois à rien moins qu'à rentrer en dispute avec M. L. B., au sujet de l'inscription d'Auxerre, et je croyois notre différend entièrement terminé, quand sa lettre qu'il vient de donner dans le *Mercure* du mois d'aoust m'a fait connoître que son silence n'étoit que pour mieux préparer ses armes et pour me combattre avec plus d'avantage. En effet, cette lettre est bien différente des deux autres. La première n'étoit qu'un impromptu du lendemain même de la découverte du monument, et M. L. B. avoit écrit la seconde avant que d'avoir eu le loisir de feuilleter les immenses recueils d'inscriptions. C'est-à-dire que sa précipitation lui avoit fait négliger les autoritez qui, en une pareille matière, peuvent servir à mettre la vérité dans un plus grand jour; mais, aujourd'hui, c'est après un intervalle de quelques mois, et depuis une lecture attentive de Lampride que mon adversaire reparoît sur les rangs, et comment y paroît-il encore? Appuyé d'un suffrage glorieux et puissant. Pour le coup, peu s'en est fallu que M. L. B. n'ait réussy. Pénétré, comme je le suis, d'un respect infini et légitime pour l'illustre magistrat à qui il adresse la lettre, et dont il emprunte du secours, j'ai craint longtemps de combattre des sentimens que je dois respecter, et j'aurois toujours gardé le silence si je n'avois fait réflexion depuis, que la part que ce grand homme semble prendre dans notre dispute n'est qu'un jeu de sa part pour la faire durer plus longtemps et s'en divertir. C'est donc à M. L. B. que je réponds icy et tout ce que je diray ne regarde que luy uniquement.

. . . .

A la suite de ce volumineux mémoire, envoyé au président Bouhier, l'abbé Lebeuf ajoute le post-scriptum suivant :

J'oubliois de vous marquer encore, Monsieur, que le sieur Polluche a grand tort de m'accuser d'avoir supprimé la fin de la proposition et de l'avoir rendue absolue de restreinte qu'elle étoit. Pourquoi ne l'a-t-il pas toujours écrite avec la réflection dont il a cru qu'elle avoit besoin. Il la met tantost d'une façon, tantost d'une autre. Et voici comment votre secrétaire l'a écrite dans la lettre dont vous m'honorâtes le 8 mars dernier : *C'est être bien hardi de dire comme fait l'Orléanois, qu'à moins que les faits qui sont rapportez par ces auteurs et par les autres qui composent la compilation de l'histoire d'Auguste, ne se rencontrent ailleurs, on est toujours bien reçu à les rejeter comme n'étant point véritables.* C'est la même chose que vous trouverez dans la copie manuscrite de son écrit et dans le *Mercure* d'avril, p. 679, au bas ; et je n'ay fait que copier votre pensée dans une réponse insérée dans le *Mercure* d'aoust, p. 1729. Il est vray que plus haut il ménage un peu plus cette proposition, c'est lorsqu'il la produit *in medium* ; il y met la réflection et parle de *doute* ; mais quand il tire sa conclusion au bas de la page, il la tire absolue, et c'est en quoy il vous a paru *bien hardi*, avec raison.

IX.

L'ABBÉ LEBEUF AU PRÉSIDENT BOUHIER.

Ce 23 septembre 1733.

Monsieur,

Je ne diffère pas d'un moment à vous faire tenir un exemplaire du *Mercure* d'aoust que M. de la Roque l'aisné m'a envoyé pour vous. Aussitost que j'ay eu ouvert le paquet, j'ay lu l'extrait qu'il donne de l'explication des anciens marbres que le public tient de vous ; je vous avoueray, Monsieur, que j'ai regretté de ce qu'il s'est borné à une seule de toutes ces inscriptions, et que cette lecture n'a fait qu'augmenter en moy le désir que j'avois de lire votre ouvrage en entier. Il n'y a rien de si curieux que ce que vous y dites des couronnes. Apparemment que dans quelque autre explication vous déclarez votre sentiment sur l'*ascia* et sur le ponticule de certains sépulcres.

Je saisis cette occasion pour vous demander, Monsieur, votre sentiment touchant un reste d'ancienne statue conservée icy au haut d'une église, où l'on voit bien qu'elle a été mise après coup dans une niche qui avoit été faite pour placer une image de saint. Cette statue, qui peut avoir 2 pieds de haut au moins, représente jusqu'au milieu du corps un homme

qui a un casque en teste et qui tient de la main droite, élevée, une lance dont le bois est cassé. Sa main gauche est sur sa poitrine et il n'en tient rien. Son visage est assez grossier et porte une barbe à deux pointes (1).
Il est de tradition icy que cette figure a été autrefois promenée par les rues à certain jour de l'année, et comme on se lassa de le faire à cause de la pesanteur dont elle est, on y substitua une petite figure de bois qu'on portoit au bout d'un bâton ; et à travers la teste de cette figure passoit un fer, aux deux bouts duquel étoient des grelots. Sur le devant étoit un autre grelot plus considérable et d'argent, dont on dit qu'un particulier fît présent au ministre Colbert (2), dans le temps que son frère, alors évêque d'Auxerre, songeoit à abolir cet usage profane. Je conjecture que la statue est une divinité du paganisme, et peut-être de celles que les idolâtres portoient dans leurs champs pour les préserver des accidents fâcheux. Elle est d'un grain de pierre tout différent de celuy de l'édifice de l'église et fort gâtée par les rigueurs de l'air, tandis que les autres figures sont bien conservées. Ce que vous jugerez touchant cette espèce d'antiquité me servira de règle. Je vous ai déjà l'obligation de plusieurs autres explications que vous avez eu la bonté de me donner à des inscriptions mutilées. Celle qu'il vous plaira me suggérer au sujet de la statue en question augmentera ma reconnoissance. J'oubliois de vous marquer qu'il n'y a aucune inscription jointe à cette statue ni qui y ait rapport.

X.

L'ABBÉ LEBEUF AU PRÉSIDENT BOUHIER.

Auxerre, ce 6 novembre 1733.

Monsieur,

Je n'ay pas manqué aussitost après mon retour de dessus les bords de la Loire d'envoyer à M. de la Roque la lettre que vous luy faites l'honneur de luy écrire, et j'ay obtenu touchant l'adresse ce que vous me marquiez. Il doit l'avoir receue il y a quelque temps. Comme ils sont trois frères réunis dans le même travail et que vous souhaitiez sçavoir les qualites de celuy qui vous a envoyé le *Mercure*, où il avoit fait entrer un extrait de votre explication, j'aurai l'honneur de vous dire, Monsieur, que celuy-là, qui est l'aisné, ne prend aucune qualité; il a autrefois voyagé dans le Levant avec un gros seigneur, et enfin il s'est retiré à Paris au moins depuis vingt ans. C'est son frère, plus jeune que luy, chevalier de Saint-Louis, qui a le privilége du Roy, mais qui n'a pas l'érudition de l'aisné, ne se mêlant que de poésies et de nouvelles. Lorsque j'écris à cet aisné,

(1) Le président Bouhier a écrit en marge de cette lettre : *C'est un Mars.* V. les *Antiquités du P. de Montfaucon*, t. I, p. 123, et son supplément, t. I, p. 94.

(2) Le ministre Colbert était seigneur de Seignelay, près Auxerre, où il venait souvent, et qui fut possédé par ses descendants qui firent ériger la terre en marquisat.

je ne mets sur ma lettre d'autre inscription que celle-cy : A M. de la Roque, chez M. Charas, apotiquaire, rue des Boucheries, faubourg Saint-Germain. Voilà, Monsieur, les éclaircissements que vous souhaitiez avoir à son sujet.

L'on m'a rendu de votre part un paquet qui contenoit un exemplaire de votre ouvrage imprimé à Aix (1). Je vous suis, Monsieur, très obligé de ce présent. J'ay déjà lu l'ouvrage deux fois pour profiter de plus en plus des principes en fait d'antiquités qui y sont répandus. Toutes vos explications m'ont beaucoup plu, mais comme chacun a son goust, je me suis davantage arrêté à la quatrième, et je croy pouvoir vous demander, pour m'instruire, si...... signifie toujours Adieu, et si quelquefois *Bonjours*, qui est son opposé, n'y convient pas également. J'avoue que si c'est une inscription sépulcrale, c'est adieu qu'il faut entendre, et comme c'est votre avis, j'aime mieux y souscrire. Ne pourroit-on pas dire aussi pour appuyer votre sentiment, que ce que tient le petit enfant à côté d'Amphipolis est une espèce de falot, dans lequel la lumière seroit renfermée, laquelle prendroit jour entre les deux côtés qui dessinent deux cônes ? Je donne au reste ma pensée en tremblant. Je profiterai, Monsieur, de l'avis que vous me donnez touchant le dieu Mars, mal appliqué aux murs d'une de nos églises (2).

Vos inscriptions gréques m'ont fait ressouvenir d'un petit anneau qui fut trouvé, il y a bien 70 ou 80 ans, dans la terre proche Auxerre, dans le canton où l'on trouve souvent des médailles et des restes de bâtiments antiques. Je veux dire dans la plaine de Saint-Julien, où passe le ruisseau appelé Vallau, qui tire son nom du lieu même. Je vous en envoye l'empreinte, qui fut prise en ce temps-là par un curieux. M. de Broc, alors notre évêque, se fit apporter et l'anneau et tout ce qui fut trouvé lors de l'aggrandissement de l'enclos de l'abbaye des Bénédictines, et on ne sçait ce qu'il en fit. Peut-être se retrouvera-t-il quelque jour dans quelque cabinet. Sans prévenir votre jugement, qui sera définitif pour moy, ne seroit-ce point un anneau nuptial qu'un nommé *Thalassius* auroit donné à son épouse en lui disant : *Thalassio vivas*? C'est ma première pensée. Car il n'y a pas d'apparence de pouvoir mettre icy la mer en feu. L'inscription est sur une agathe.

Quoique l'imprimeur d'Aix ait reconnu bien des fautes qu'il avoit faites, il a laissé encore, page 37, *Selles en Berry*, comme il étoit écrit. Je suis persuadé, Monsieur, que si vous eussiez été à portée de revoir l'impression, vous eussiez fait mettre *Celles en Berry*, le nom venant sûrement,

(1) *Explication de quelques marbres antiques dont les originaux sont dans le cabinet de M...* Aix, J. David, 1733, in-4°. — M. Le Bret, premier président au Parlement de Provence, avait reçu d'Asie et d'Afrique, quelques inscriptions antiques dont il envoya des copies à Bouhier, et lui en demanda son sentiment. Ce sont les explications du Président que Le Bret fit imprimer.

(2) Voyez la lettre du 23 septembre 1733.

comme vous le sçavez, de la Celle, *Cella* ou *monasteriolum*. J'ay quelques mémoires historiques sur l'abbaye qui a donné son nom à la ville.

Je suis bien aise que vous nous appreniez que le *Réveil de Chyndonax* n'est pas une fiction. J'ay lu autrefois ce livre, mais je n'ay su qu'en penser. Il y est parlé du bocage de *Mithra*. Nous en avions aussi un autrefois, où on a depuis planté des vignes qui, au moins dès le vii° siècle, s'appelloient *vineæ Midranicæ* (1). — *Testamente Sancti-Vigilii episcopi Autissiod. Annal. Benedict. t. I, in probationibus.*

Un curé de la route que j'ay tenue vers la Loire, m'a fait voir une petite statue de bronze de la longueur d'un grand doigt, laquelle est toute nue, mettant une de ses mains étendue *super nates*, et le bout du doigt *index* de l'autre main sur sa bouche. Il m'a promis de m'en accommoder pour quelques médailles. Cette figure a été trouvée dans les démolitions d'un château. Je vous prie d'avoir la bonté de me marquer quel symbole est cette figure et si c'est le dieu du silence.

Je ne sçaurois finir cette lettre sans vous parler encore, Monsieur, d'une autre antiquité que je me suis apperçu qu'on détruisoit. C'est un chemin romain qui commence à un quart de lieue d'icy (2), et qui est en forme de levée regardant Avallon et le voisinage. Plusieurs particuliers d'Auxerre, qui ont des vignes à costé de ce chemin, se sont avisés, depuis deux ou trois ans, de le déplumer, c'est-à-dire d'ôter le gazon que la longueur des temps avoit fait naître dessus et aux deux costés, et par là les pluyes commencent à le détruire et à l'abaisser. En bonne police devroit-on souffrir cela ? A qui appartiennent ces chemins ? N'est-ce pas au Roy ? Et si c'est à luy ne peut-on pas s'en plaindre ? Le P. Souciet, jésuite, me disoit l'été dernier, à Paris, que depuis peu on a aussi démoli une antiquité romaine à Decize, en Nivernois.

XI.

L'ABBÉ LEBEUF AU PRÉSIDENT BOUHIER.

Auxerre, ce 11 janvier 1734.

Monsieur,

Je n'ai pas manqué, quelques jours après la réception de la dernière lettre dont vous m'avez honoré durant le cours du mois dernier, de voir le P. Plancher (3). Je vais assez souvent dans son laboratoire, je le trouve

---

(1) Migraine, lieudit situé à Auxerre, renommé par la qualité de ses vins.

(2) Lebeuf parle ici de la voie d'Autun à Troyes qui existe encore à l'état de vieux chemin, sur un haut plateau au sud de la ville d'Auxerre, puis se dirigeait diagonalement sur le pont d'Yonne en coupant les terrains du faubourg Saint Martin-les-Saint-Julien.

(3) Ce passage relatif à Dom Plancher est fort curieux, et nous apprend qu'il travaillait alors son *Histoire de Bourgogne*, étant religieux de Saint-Germain d'Auxerre. Dans une lettre du 9 juin 1733, V. *Lettres de Lebeuf*,

toujours travaillant, et je n'y reste pas longtemps, de crainte de lui ravir un loisir qu'il employe si prétieusement. Comme il ne fait pas beaucoup d'ouverture au sujet de son ouvrage, j'en ai plus tiré de ses confrères que de lui-même, et ils m'ont appris qu'il se dépêche le plus qu'il peut, à cause de son grand âge, appréhendant de rester en chemin. Il n'a point de secrétaire, non plus que moy. Mais il y a cela de différent entre lui et moy, que je fais toujours une minute de mes petits ouvrages et que lui écrit dès la première fois à demeurant. C'est ce qu'il m'a avoué. Quoiqu'il en soit, on ne parle pas encore d'impression.

Comme ce Père a dans sa chambre toutes les antiquités bénédictines, je consultai par la même occasion l'endroit du 3ᵉ tome des *Annales*, auquel M. Juenin de Tournus renvoye. Sa citation est fidèle. Le P. Mabillon se contente de dire que *Vetus-Domus* est dans l'Orléanois, sans le prouver. Peut-être a-t-il pour garant le P. Chifflet, qu'il cite un peu plus haut, à la marge. Mais ils se trompent tous tant qu'ils sont. On m'a écrit que dans le nouveau Glossaire (1), on a suivi mon avis, appuyé sur le témoignage d'Héric. D. Mabillon n'est pas toujours infaillible. Je ne suis plus en difficulté que pour trouver sa position dans le voisinage de Rouen. Un avocat de Rouen a fait quelques recherches là-dessus à ma persuasion. Il a fait imprimer ses conjectures dans le *Mercure*, et je lui ay répondu.

Vous m'avez fait un très grand plaisir, Monsieur, en m'apprenant la publication du nouveau recueil de M. Maffei. J'espère faire venir ce livre en ce pays-cy. Il sera sans doute annoncé, comme il le doit, dans tous les journaux.

Une partie de ma vie étant occupée à chanter, il a été difficile que je n'aye pas fait des observations sur des sujets qui n'ont point encore été traittez, par rapport à l'ancienne musique d'où est dérivé le chant grégorien. Mais comme je serois dans le dessein de mettre fin à tout ce que j'ai ramassé là-dessus, j'aurois une grâce à vous demander, Monsieur, qui seroit (supposé que la chose soit faisable), de me prêter un volume de vos manuscrits. Malheureusement c'est le transport, c'est un *in-folio* ou bien cet ouvrage est contenu dans un *in-folio*. Voicy la notice que M. Gandrillet en tira il y a quatre ans par votre catalogue : *Incerti Breviarium rittium de Musica incipiens quoniam pauci sunt; seu de Musica artis inventione tonis notis musicis accomodata. Codex in pergamento scriptus seculo circicer XII, elegantissime*, in-fol., fol. 6, p. 23, n° 54. J'estime cet ouvrage sans l'avoir vu, uniquement à cause que l'auteur du traité intitulé *Musica S. Bernardi* que le P. Hommey a donné dans son *Supplementum patrum*, le cite à la page 15. Et le manuscrit que vous conservez pourroit bien être celuy-là même que S. Bernard avoit lu en partie, supposé que ce soit lui qui ait écrit le traité imprimé dont je parle. Je ne me souviens pas

---

t. II, p. 125, Lebeuf raconte à l'abbé Fenel que D. Plancher était parti à Dijon, et qu'il y resta un certain temps, après avoir publié un prospectus de son *Histoire de Bourgogne*, qu'il distribua pendant la tenue des États. Les exemplaires de ce prospectus étaient déjà épuisés.

(1) *Le Glossaire de Ducange*, 2ᵉ édition.

d'avoir vu cet ouvrage à Clairvaux, quoique je donnasse mon attention aux choses musicales, comme aux matières historiques, liturgiques et autres. Mais comme rien ne presse absolument et que, dans le cours de cette année, il ira à Dijon un monsieur de mes amis chargé de faire imprimer le nouvel antiphonier de Langres, qu'il rédige icy avec moy, alors on pourra examiner de plus près ce manuscrit, et j'espère que vous voudrez bien le permettre à cet ecclésiastique, qui est un prêtre natif de Dijon, élevé à Langres.

Approuvez-vous, Monsieur, que j'aye fait remarquer à quelques-uns de Messieurs de l'Académie des belles-lettres que je croy qu'il y a double faute dans la page 519 du VIIIe tome de leurs mémoires, qui vient de paraître ? Il me paroît que M. de Foncemagne a pris *Albi* pour Albe, qui étoit l'ancien siège de Viviers, et Nevers pour un évêché du nom de *Niverdunus* ou *Noiodunus*, qui devoit être situé dans le vaste pays des Laisses, où il étoit convenable qu'il y eût plus d'un évêché, outre *Vindonisse*, *Vindisch*. Selon luy, il n'y auroit eu que Sion.

XII.

L'ABBÉ LEBEUF AU PRÉSIDENT BOUHIER.

Auxerre, ce 17 juillet 1734.

Monsieur,

Vous me permettrez de vous importuner pour vous demander votre avis touchant un monument inséré parmi ceux de la *Monarchie françoise*, par D. Bernar. de Montfaucon, à l'article de Charles V. Le *Journal littéraire* pour l'année 1732, t. XIX, partie I, page 259, de l'impression de La Haye, rendant compte de ce volume, blâme le sçavant Bénédictin d'avoir fait entrer dans son ouvrage la représentation de ce chien qui se battit en duel contre un gendarme ou chevalier qui avoit tué son maître, et il veut que ce soit une fable. Le fait est peint à fresque sur la principale cheminée du château de Montargis, où je l'ay vu. On m'a engagé d'écrire en faveur du P. de Montfaucon. J'ay voulu à mon retour de Paris m'essayer là-dessus, et j'ay couché par écrit quelques pages ; j'ay trouvé de quoy soutenir suffisamment la réalité du combat par le témoignage de ceux qui en ont parlé, du nombre desquels est Scaliger ; mais en remontant au plus ancien garant que nous en ayons, qui est Olivier de la Marche, j'ay reconnu par les expressions de cet auteur que le fait devoit être plus ancien qu'on ne le dit. Cet écrivain, élevé à la cour des ducs de Bourgogne, dès l'an 1437, ainsi qu'il le dit luy-même, marque qu'il a lu cette histoire du duel d'un chien contre le chevalier Machaire dans une ancienne chronique. C'est ainsi qu'il s'explique dans son petit traité des duels. Or, peut-on dire qu'une chronique qui n'auroit que quarante ou cinquante ans fût ancienne ? Seroit-ce parler exactement aujourd'huy, un courtisan, qui rapporteroit un évènement tiré de la vie de Louis XIV, que de dire qu'il l'auroit tiré d'une ancienne chronique ? Comme donc Olivier de la Marche ne dit point sous quel Roy cette histoire arriva, mais seulement qu'il la tenoit d'une ancienne chronique, j'ay cru devoir abandonner dom Bernard sur l'époque qu'il donne au fait, et sans en déterminer le temps, ny douter de la vérité de la chose, je la croy plus ancienne que le Roi Charles V. C'est uniquement sur ce fondement que j'ay fait sçavoir à ce sçavant religieux qu'il me paroissoit qu'il n'étoit pas évident que l'histoire du chien fût arrivée sous ce prince. Il a cru que j'en avois des preuves plus positives, et c'est sur cela qu'il m'envoya le billet duquel je vous fais part, écrit de sa main. Je vous prie donc, Monsieur, de me faire sçavoir si vous croyez que le langage d'Olivier de la Marche n'indique pas un temps plus éloigné de luy que n'étoit le règne de Charles V, en sorte qu'il seroit seulement vray de dire que Charles V fut le premier qui fit peindre cette histoire arrivée longtemps avant luy, à cause de la singularité du fait. Si l'on trouvoit dans nos histoires ou monuments historiques, comme chartes, diplômes, chroniques, etc., un Machaire et un Albéric de Montdidier vivant en même temps, cela détermineroit infailliblement le temps de cet évènement si singulier. Albéric fut le seigneur que Machaire tua dans la forêt de Bondy, proche Paris. Je trouve bien un Machaire de Sainte-Menehoult, vivant sous Philippe-Auguste, mais cela ne suffit pas. Peut-être trouvera-t-on quelque jour cet Albéric dans quelques titres de la Picardie où Montdidier est situé.

Cecy m'a fait ressouvenir, Monsieur, de vous demander encore si vous regardez comme suffisamment autorisée l'histoire d'un autre chien, qu'on rapporte au temps de Louis le Débonnaire. Il y a une notice du fait dans un des journaux de Trévoux de l'an 1713, je n'ay pas retenu le mois; mais c'est à l'occasion d'un livre imprimé en ce temps-là à Avignon. Je n'ai point ces journaux, je n'en ai pris que l'indication, et je n'ai pas oublié que le nom du chien étoit Ganelon, que cet animal se signala en Auvergne, et que dans les temps d'ignorance on fit un saint de ce célèbre *Ganelon*.

On me fait espérer de publier séparément, dès cette année, ma pièce sur l'*Etat des sciences sous Charlemagne* (1). Aussitost que j'en aurai reçu un exemplaire, je ne manquerai pas, Monsieur, de vous le destiner. Vous m'avez fait, Monsieur, un souhait qui me fait beaucoup d'honneur, mais je vous avouerai ingénuement, que j'aimerois mieux avoir un établissement à Paris, ou dans un endroit bien fourni de livres, pour pouvoir travailler à coup sûr, que d'être simplement du rang de Messieurs les Académiciens et rester avec mon bénéfice qui demande une trop longue résidence dans un pays dénué de livres. Je croy qu'on peut faire ces sortes de confidence en toute sûreté à une personne aussi discrète et aussi bien intentionnée que vous l'êtes pour moy. Je pourrois même vous dire des choses très secrettes sur ce qui me regarde, s'il étoit nécessaire.

---

(1) Cette pièce, qui venait de remporter le prix de l'Académie, fut en effet publiée peu après dans le courant du mois d'août 1734. Voir la lettre suivante.

XIII.

RÉPONSE DE M. LE PRÉSIDENT BOUHIER A L'ABBÉ LEBEUF.

Du 3 août 1734.

Je n'ai point, Monsieur, le traité du *gage de Bataille*, par Olivier de la Marche. Mais j'ai un long extrait de l'endroit dont vous me parlez, et mot pour mot, dans les mémoires de Ribier, t. I, p. 311, où est rapporté le fait du combat du lévrier contre Machaut (c'est ainsi qu'il l'appelle), qui avoit tué Aubery de Montdidier. Il y est dit que les amis du défunt ayant trouvé son corps, en *firent leur rapport au roy Charles V,* lequel ordonna le combat en question. Voilà le temps fixé par La Marche, qui dit au commencement du passage où il raconte la chose : *et trouverez en quelques chroniques,* etc. Il ne dit point *ancienne,* cela peut donc estre entendu d'un historien contemporain. Il ajoute que le combat se fit en l'Isle-Notre-Dame, et que Machaut *étoit enfoui jusques au faix du corps, en telle manière néanmoins qu'il pouvoit tourner tout à son aise.* Ce qui ne se rapporte point à la peinture qu'a donnée le P. de Montfaucon. De la manière dont Jules Scaliger raconte la chose (*Exercit.* 202, *advers. Cardan*), il paroît avoir puisé dans une autre source. Car il dit que la peinture de ce combat, effacée par vétusté, a été plusieurs fois renouvellée par ordre de nos Rois : *Pictura vetustate dilectior, atque obscurior facta, Regum mandato, semel atque iterum instaurata est.* Voilà qui marque un fait bien plus ancien que ne le suppose La Marche. Vous ferez de tout cela l'usage qu'il vous plaira. Le point seroit de trouver la chronique où le fait est rapoté. Mais c'est sur quoi je ne puis vous donner d'éclaircissement. Cela se trouvera peut-être quand on y pensera pas. Mais au fond, je crois que c'est une des fables que les bonnes gens du temps passé prenoient pour mot d'évangile. Aldrovandus en rapporte plusieurs de cette espèce, qui viennent à peu près au même fait. Il en est de même de Juste-Lipse, *Epist. 44, cent. 1, ad Belgas,* qui en fait une longe énumération et y ajoute une foi pleine et entière, même au récit de Scaliger. Pour le chien Genaion, je n'ai pu trouver, dans les journaux de Trévoux de 1713, l'endroit où il en est parlé. Il en faudroit une indication plus précise.

(Cette lettre est écrite par le secrétaire du président Bouhier).

XIV.

L'ABBÉ LEBEUF AU PRÉSIDENT BOUHIER.

Auxerre, ce 8 septembre 1734.

Monsieur,

J'ai prié une personne qui a quelques relations à Dijon de vous faire remettre un exemplaire de ma dissertation sur l'*Etat des sciences sous Charlemagne.* Je n'ay pu le faire plutôt, n'ayant reçu cet exemplaire que vers le commencement du mois. La date de la permission pourt vous prouver qu'il n'y a pas bien du temps que le petit ouvrage est achevé d'imprimer. J'espère que vous voudrez bien, Monsieur, excuser quelques fautes d'impression qu'on y a laissées.

On m'a prêté depuis peu un Gruter (1), et je le lis avec bien du plaisir. Mais comme je n'y suis pas encore extrêmement familiarisé, je voudrois, Monsieur, vous demander ce que vous penseriez d'une inscription qui est insérée au coin d'une maison voisine des anciens murs de la cité de Nevers, et qui vient des monumens de cette cité. La pierre est d'un pied et demi de hauteur et un pied de longueur. La voicy telle qu'elle est :

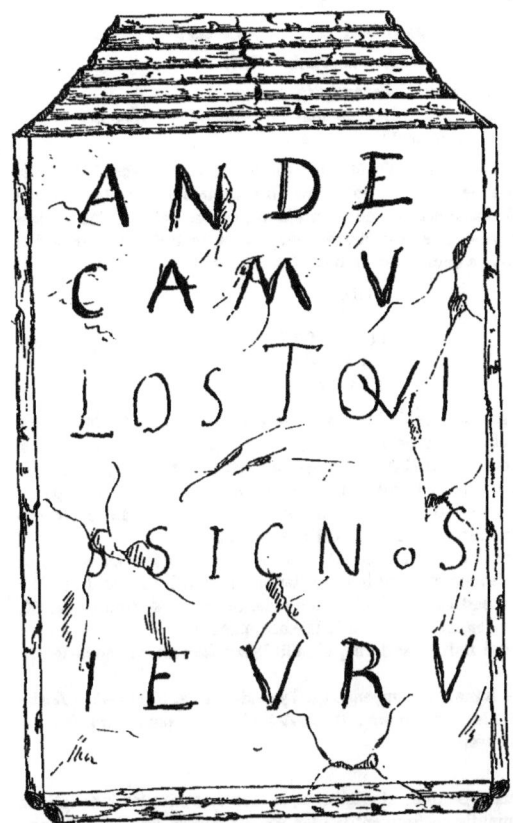

(1) *Inscriptiones antiquæ totius orbis Romani a Jano Grutero collectæ.* L'exemplaire du président Bouhier est à la bibliothèque de Troyes. Sur

Les lettres ne sont pas des mieux conservées ; quelques-unes ont cru que la première lettre de la 2ᵉ ligne étoit un G.

Au milieu de la 3ᵉ ligne est un grand T. Puis l'O et le V entrelacés.

L'O de la 4ᵉ ligne est petit et tel qu'il est icy représenté.

La 5ᵉ ligne est écrite d'un caractère égal aux premiers.

Je sçay bien que *Camulus* est un des noms qu'on donnoit à Mars ; mais je ne connois point de dieu *Ande*. Seroit-ce *Andate* par abrégé ?

XV.

DU PRÉSIDENT BOUHIER A LEBEUF.

(après septembre 1734).

Insérée dans mon recueil d'inscriptions, page 355.

(Cette note est de la main du président Bouhier, et la notice suivante de la main de son secrétaire) :

Inscription antique, qui m'a été envoyée par le sieur Lebeuf, chanoine d'Auxerre, en sa lettre du 8 septembre 1734, comme ayant été trouvée à Nevers, où elle est incrustée au coin d'une maison voisine des anciens murs de cette ville, sur une pierre d'un pied et demi de hauteur et d'un pied de largeur, en caractères du beau Romain et bien conservez :

```
ANDE
CAMV
LOS. T. OVTI
VS SICNOS
IE VRV
```

La lettre S qui suit CAMVLO me paroit marquer l'épithète *Sancto*, qui est donnée au dieu Camulus dans quelques inscriptions. Le nom qui vient ensuite paroit estre T. OVITIVS. Apparemment, sur la pierre, le premier T étoit confondu avec le dernier jambage du premier V. Cette famille paroit nouvelle. Cependant au Recueil de Fabretti, *page 445, nº 52*, on trouve un *Obittius*. Or *Obitius* et *Ovitius* est la même chose.

SICN me paroit estre pour SIGN, c'est-à-dire *signifer*. On sçait que les anciens écrivoient souvent le C au lieu du G ou le G au lieu du C.

Le petit O qui suit est un point à mon avis. Sur quoi V. Reinesius, IX, 6, etc., XII, 74, comme encore en la préface, page 7.

La lettre S, qui finit la 4ᵉ ligne, signifie *Singularium*, en sous-entendant *equitum*.

A la dernière ligne, je soupçonne qu'il y avoit LE. V, c'est-à-dire *Legionis* V, et ensuite le monogramme R, c'est-à-dire *Par*. pour *Parthicæ*. Le V final est pour *vovit*.

ce curieux volume, Bouhier ajoutait chaque jour de nouvelles inscriptions avec un soin minutieux. Souvent Gruter n'avait trouvé que moitié d'une inscription, Bouhier retrouve ailleurs le commencement ou la fin et complète celle de l'exemplaire imprimé.

Reste à rechercher ce que c'est que ce dieu *Ande Camulus*, dont il est parlé en ce monument, et nulle part ailleurs, que je sçache. Il est bien fait mention en quelques inscriptions de MARS CAMVLVS, ou de CAMV- LVS seulement. Sur quoi on peut voir Gruter, XL, 9, et LVI, n° 12, et Reinesius, I, 150, 291, où il paroît que c'est un nom que les anciens Celtes donnoient au dieu Mars. En effet, M. de Leibnitz, en ses *Collect. Etymol. inter Celtic.*, p.101, dit que, dans la langue de ces peuples, *cammawn* signifioit *Pugna*, et que les Allemands employent encore dans le même sens le mot *Kampf*. Et en son *Archeolog. Teuto, ibid.*, p. 105, il assure que chez les anciens Teutons, *Kampffen* signifie *militare*, comme aujourd'hui *Kampffen* chez les Allemands, et *Kempen* ou *Kampen* chez les Flamands, qui disent aussi *Kampioen* pour *Pugnator*, u'où est venu le mot *Campio*, qui se trouve en cette signification dans les gloses d'Isidore, et notre mot *champion*, que M. Ménage se contente de dériver du latin.

C'est du nom de ce dieu, comme le croit avec bien de la vraisemblance *Camden, Britan.*, p. 322, qu'est dérivé celui de la ville de Camulodunum, dans la Grande-Bretagne. Car c'étoit son nom, suivant plusieurs médailles de l'ancien roi Cunabellinus, qui y régnoit, et qui sont raportées tant par Camden, au lieu cité, que par Th. Gale, *In Anton. Iter Britann.*, p. 113, où l'on trouve sur plusieurs revers ce mot : CAMV. Et si dans une ancienne inscription du *Recueil de Gruter*, CCCCXXXIX, 5, et dans une médaille romaine (quoiqu'un peu suspecte, est rejettée par Vaillant, mais rapportée par le P. Hardouin, *Numm. Pop.*, p. 114), cette ville est appellé *Camulo- dunum*, ainsi que dans quelques auteurs, c'est par un léger changement que les Romains firent ensuite à ce nom, et dans lequel on ne laisse pas de reconnoître son origine.

Une chose qui la confirme bien, ce qui n'est pas ici inutile, ce sont quelques-unes de ces médailles du roi Cumbellinus, où Camden dit avoir vu la figure d'un homme armé, avec le casque et le javelot, *figuram galeatam quæ Martis videatur*. Ce qui prouve que Mars étoit le dieu tutélaire de ce lieu, qui en avoit tiré son nom, plustost que de la petite rivière de *Cam*, comme le veut Th. Gale, loc. cit., p. 111.

Il est bon de remarquer, en passant, que dans ces médailles, le dieu Camulus est représenté à deux têtes, à la manière du dieu Janus. Ce qui me fait adopter la pensée de ceux qui croient que Janus et Mars étoient la même divinité, comme Servius sur Virgile, *Æn. VIII, 610*, et autres qu'a suivi M. Huet, *Demonstr. Evang.*, p. 142. En effet, le premier étoit aussi représenté le javelot à la main, et à cause de cela étoit appellé *Janus Quirinus, quasi bellorum potens*, suivant Macrobe, Saturn. I, 9. C'est pour la même raison, à mon avis (quoiqu'on en ait allégué d'autres, moins bonnes, ce me semble), qu'on ouvroit le temple de Janus pendant la guerre et qu'on le fermoit pendant la paix ; comme encore qu'on le peigne à deux faces, et quelquefois à quatre, comme un excellent guerrier, qui fait face de toutes parts aux ennemis. C'est pour cela, enfin, qu'il étoit représenté comme marquant avec les doigts le nombre de CCCLXV, qui fait celui des jours de l'année, dès le temps qu'elle commençoit au mois de mars. Sur ces convenances et d'autres encore, nous aurons peut-être occasion de parler ailleurs de cette conformité.

Reste la principale difficulté de notre inscription du mot ANDE, qui
précède CAMVLO. Si la pierre avait été trouvée dans le Limousin, je croirois que le dieu *Andecamulus* seroit particulier au même lieu où a été
posée l'inscription dont parle Gruter, CXII, 6, qui porte : FANVM PLV-
TONIS ANDECAMVLENSES DE SVO POSVER. Mais Nevers en étant si
éloigné, il y a apparence que ce mot ANDE est plutost tiré de quelque
erme de la langue celtique. Ce qui me le persuade, c'est que suivant Dion
Cassius, *Hist. lib.*, 62, p. 704, la déesse Victoire étoit appellée Ανδατη
chez les anciens peuples de la Grande-Bretagne. A la vérité, à la page
précédente, ce nom est écrit Ανδραςη, ce que l'interprète latin a changé
en Αδρατη, en quoi il a été suivi par Bochart, *Chanaan*, lib. I, cap. 42,
p. 758, affin de mieux accommoder ce nom à ses Etymologies phéniciennes.
Mais il est plus naturel de chercher celle d'Ανδατη dans la langue Celtique. Or, suivant M. de Leibnitz, *loc. cit. inter celtic.*, p. 80, les vestiges
de ce mot se sont encore conservez dans l'allemand, où *winden* signifie
vaincre. D'où peut-être venu le nom du dieu *Odin*, qui est le Mars des
anciens Germains, et celui de notre déesse *Andavta*, dont le nom se trouve
dans quelques inscriptions du *Recueil de Gruter*, LXXXVIII, 9, 20 ; car
je suis volontiers de l'avis de D. Gabr. Martin, *Relig. des Gaulois*, t. II, p.
12, où il croit que c'est le même qu'*Andata*. Je crois donc que ANDE
CAMVLUS signifie *le Victorieux, dieu des combats* ; et c'est apparemment
par cette même raison que la colonie, que les Romains établirent à *Camulodunum*, fut appellée *colonia Victricensis*. A quoi je m'étonne qu'on n'ait
pas pris garde.

XVI.

L'ABBÉ LEBEUF AU PRÉSIDENT BOUHIER (1).

(Sans date ; mais Bouhier a écrit en tête : Novembre 1734).

Monsieur,

Je suis dans une vraie confusion en lisant les éloges que vous donnez à
ma dissertation sur l'*Etat des sciences sous Charlemagne*, et je m'écrie
souvent en moy-même : *Num et Saül inter prophetas?* Je ne m'attendois
point, en effet, à toutes les louanges qui m'ont été prodiguées de plusieurs
endroits à cette occasion. A mon égard, je ne me suis point mêlé de l'impression ni ne l'ay sollicitée. Je me serois tenu tranquille jusqu'à ce
qu'elle eût paru dans les *Mémoires de l'Académie* ; mais quelques-uns de
ces messieurs qui la composent ont voulu la rendre publique de bonne
heure. Je ne sçai point leurs raisons. Cependant l'embarras où ils sont
pour le débit m'obligera de vous importuner à la fin de cette lettre. Il est
juste de parler auparavant de matière de littérature.

Il est certain, Monsieur, que l'inscription de Nevers est telle que je

---

(1) *Orig.* Bibl. nat. F. françois, nouv. acquets, 1212, fol. 149, 150 et 196.
Le dernier feuillet a été, par erreur du relieur sans doute, séparé des
deux premiers et rejeté à la fin de la correspondance.

vous l'ai envoyée. Je le sçay de celui qui me l'a apportée, lequel se connoit fort bien en caractères. La pierre a de hauteur un pied et demi, à ce qu'il m'a dit, et de largeur à proportion. Il a confronté la copie sur l'original et il n'y a vu de lettre rongée que la première de la 3e ligne, qui cependant lui a paru devoir être la lettre L. Sans rejetter vos conjectures sur la première et seconde ligne, il me semble que je puis autoriser la lecture d'*Andegamulo* ou *Andecamulo* par une inscription de Gruter, page 112. On y voit des peuples appelez *Andecamulenses*, et, par conséquent, quelque divinité a pu être appellée *Andecamulus*. Si *And* signifioit, en celtique, une forest ou un territoire de forests, le Nivernois a fourni le sujet de la dénomination. Mais il paroît que *Ande* ou *And* peut aussi signifier *victorieux*, puisque la Victoire personnifiée s'appelloit quelquefois *Andate* ou *Andaota*. Vous avez votre capitale lingonoise dont le nom primitif commence par *Ande*. La capitale d'Anjou est dans le même cas. L'auteur de l'introduction au Dictionnaire universel de la France, imprimé en 1726, en trois volumes in-folio, fait remarquer, p. iij, que le nom d'Aquitaine vient du Celtique *Acheit-Anne*, qu'il traduit *voisinage des forests*. Je ne sçai lequel des trois mots, à son sens, signifie forest, mais je pense que c'est le dernier. L'auteur de cette introduction étant l'abbé des Thuilleries, ainsi que le sçay de l'imprimeur, je croy qu'on peut assez tabler sur ce qu'il dit, et qu'*Anne* ou *Ande* pourroit signifier *forest*. Vous connaissez sans doute de quelle réputation étoit cet abbé, qui est décédé il y a quelques années.

Ces mêmes académiciens, qui ont rendu public mon ouvrage et qui ont angarié le sieur Guérin, me sollicitent à écrire pour le prix de l'Académie de Soissons, qui a été publié cet été sous ce titre :

« L'état des anciens habitants du Soissonnois avant la conquête des Gaules par les Francs ;

« La situation et l'étendue du pays qu'ils habitoient ;

« Le nom et l'antiquité de leurs villes et châteaux ;

« Leurs forces et les armes dont ils se servoient ;

« Leurs mœurs, leur gouvernement et leur religion. »

Voilà bien de la besogne pour un homme qui n'est pas sur les lieux et qui n'y a été qu'une seule fois, sans avoir le dessein d'approfondir ces sortes de connoissances. J'ay parcouru tout Gruter sans y trouver aucune inscription de Soissons. Je n'ay point icy les autres compilateurs d'inscriptions. Je n'en connois de soissonnoise que celle que dom Mabillon rapporte au bout de son *Iter germanicum*. Je sçay seulement qu'en relisant César, Strabon, Pline, Ammien Marcellin, etc., on peut dire quelque chose. M. Valois a déjà frayé le chemin dans sa Notice. J'aurois même des idées toutes neuves à donner sur le *Noviodunum Suessionum* et sur le *Bibrax Rhemorum*. Mais je ne sçay si tout cela suffiroit pour faire pencher la balance de mon côté. Si je connoissois le diocèse de Soissons comme je connois celui où je demeure, je pourrois travailler plus hardiment. Faute de cela, je suis obligé d'écrire dans le pays au tiers et au quart, et que sçai-je encore si leurs mémoires seront fidèles ? J'en attends de deux ou trois endroits, et s'ils sont favorables aux pensées qui me sont venues, je me propose de vous faire part de l'idée que j'aurois eu sur la position de

Noviodunum et du *Bibrax*. Donnay, historien de Soissons, que j'ay icy, est assez raisonnable dans la plupart des choses qu'il avance, mais je suis surpris qu'il n'ait pas songé à ce qui m'est venu dans l'esprit. Je puis toujours vous dire par avance que mon système m'est venu sur les réflexions que j'ay faites que *Gergovie* n'étoit pas où Clermont est aujourd'hui, ni *Bibracte*, où l'on voit de nos jours Autun (1). Je vous prie, Monsieur, d'avoir la bonté de me marquer si vous êtes de ce sentiment.

Ce que je remets à la dernière page de cette lettre, comme moins importante, est la demande que j'ai à vous faire, Monsieur, par rapport au débit de ma dissertation. Le libraire de Paris, qui ne fait que de l'afficher, n'en a pas bon augure, parce que, dit-il, on ne court plus qu'à la minutie et non au solide. Des livres récréatifs ou sur les matières théologiques du temps ont sûrement leur prompt débit, mais non ceux de littérature. Simart, imprimeur des Mémoires de littérature et d'histoire, du P. Desmoletz, se plaint sur le même ton. C'est pour cela qu'il a interrompu l'édition de ces Mémoires (et j'auray l'honneur de vous dire qu'il y a environ 4 ans qu'il a à moy une dissertation sur la bataille de Fontenoy (2) de 841, bien et duement approuvée, et que, pour cette raison, elle est en retard). Je vous demande donc en grâce, Monsieur, de sçavoir du sieur de Fay, ou autre, s'il voudroit se charger d'en débiter un nombre qu'on luy feroit tenir avec des affiches, et quel nombre. Vous connoissez le goût de Dijon comme je connois celui d'Auxerre. On peut risquer, cependant, plus sûrement qu'icy, parce qu'icy je crains de me faire afficher et j'appréhende qu'on ne crût que je tire du profit de la vente, ce qui seroit un jugement téméraire. J'attends l'occasion de vous en envoyer deux ou trois exemplaires, dont un servit à M. Papillon et l'autre pour un nommé M. Gandrillet, chanoine de N. D.

Après avoir relu cette lettre, il m'est encore venu en pensée de vous proposer un doute violent que j'ay sur l'explication qu'on donne à l'*Itinéraire* d'Ethicus (3), lorsqu'il marque la route d'Amiens à Soissons. On veut que les endroits nommés soyent..... puis Beauvais (*Cesaromagus*), Senlis (*Augustomagus*), Verneuil-sur-Oise. Il me semble que c'est faire trop de chemin. L'*Augustomagus* ne devant être qu'à treize mille pas de Soissons et *Litanobriga* à trois mille un peu plus loin, doivent être nécessairement dans le Soissonnois et au rivage gauche de la rivière d'Oise, puisque les seize mille pas ne doivent donner que six lieues ou environ. Dom Mabillon, qui relève Cluvier là-dessus dans sa *Diplomatique*, p. 336 et 337, n'est pas plus heureux ; il ne veut pas que ce soit Verne qu'il faille

---

(1) On n'avait pas alors fait les curieuses découvertes qui établissent d'une manière irréfutable *Bibracte* sur le mont Beuvray. — Voir les travaux et publications de M. G. Bulliot, dans les Mémoires de la *Société éduenne*.

(2) Voir le travail de M. Challe, dans le *Bull. de la Soc. des Sc. hist. et nat. de l'Yonne*, t. XIV, p. 44 et suivantes.

(3) Ethicus, géographe du IV° siècle après Jesus-Christ, plusieurs fois cité dans ces lettres.

prendre pour *Litanobriga* (1), et il dit que c'est Lagueville, sur la petite rivière de Brèche. Comment n'a-t-il pas fait attention que ce Lagueville est à 12 lieues de Soissons et qu'il faudroit plus de trente mille pas de chemin pour trouver *Litanobriga* dans Lagneville. Il m'est venu un projet de réforme là-dessus, mais j'attends des éclaircissements des environs de Compiègne et d'Amiens pour appuyer mes conjectures.

Je ne suis pas fâché, au reste, que ma dissertation sur la bataille de Fontenoy n'ait pas encore vu le jour, parce que, pendant le délay de l'imprimeur, j'ay tant fait que j'ai déterré le manuscrit de Nithard, lequel est peut-être l'unique dans le monde. L'ayant en vain cherché en France, je me suis adressé au Vatican à Rome, et comme monnoye fait tout en ce pays-là, j'ay fait collationner certains endroits où il y a des noms propres de lieu à la fin du 2° livre. Tout se trouve conforme à l'imprimé de 1588 que j'ay icy, excepté que, vers la fin de ce même livre, il n'y a pas *super riudam Burgundionum*, mais *super rivolum Burgundionum*, ce qui est bien différent. J'en avertirois dom Martin Bouquet, de Saint-Germain-des-Prez, qui donne les *Historiens* de Duchêne, si ce n'étoit qu'on mande qu'il vient avoir ordre de sortir de Paris avec six autres excellents ouvriers. Quelque perfection que je donne à mon écrit sur la bataille de 841, Simart ne se pressera pas davantage. Je lui ai cependant fait notifier qu'il y a plus de dix ans que j'ai promis cette dissertation, ainsi qu'on peut voir, page 33 de la préface du livre sur les guerres calviniennes, qui parut en 1723. Mais j'ai envie de lui porter encore un coup d'éperon (excusez-moy ce terme).

J'ai en mémoire une petite observation sur le véritable lieu de la bataille donnée *in monte Callau* l'an 926 (2). Je me propose de la récrire et de l'envoyer au *Mercure*, et de me servir de cette occasion pour me justifier envers le public au sujet de mon ouvrage sur la bataille de Fontenoy, rejettant toute la faute du délay sur la négligence du libraire. Si vous aviez quelque trait revenant à cette conjoncture, vous me feriez plaisir de m'en faire part. Le *Callau* ou *Chalo* ou *Calo* ou *Kalo* de la bataille de 926 doit être la montagne de Chalau, entre Chalau et Marigny en Morvand, à une bonne lieue de Carrée-les-Tombes. Cette pensée, qui ne m'est venue que cette année en relisant les Chroniques et surtout la petite de Vézelay, se trouve appuyée par la tradition de Carrée et des environs, qu'il s'étoit donné autrefois une bataille en ces cantons-là contre les Sarrazins, et qui est marquée dans le roman de Girard de Roussillon. Je n'abandonne pas pour cela le sentiment de M. Bocquillot, que j'ay défendu expressément, et je persisterai à dire que le magazin étoit à Carrée, et que ce fut pour cela qu'on y porta les corps des chrétiens tuez par les Normans. M. Letors, lieutenant-criminel d'Avallon, m'a écrit qu'au commencement de 1733, lorsqu'on eut abattu un gros arbre proche l'église, lequel avoit sept pieds

---

(1) Bouhier a mis en marge une note, qui est cachée par la reliure. «....lois croit.....Cluvier.....c'est Verneuil.»

(2) Cette dissertation fut imprimée l'année suivante dans le *Mercure* de février 1735, sous forme d'une lettre adressée à l'abbé Fenel.

quatre pouces de diamètre dans le moins gros de sa tige, on y trouva dessous 5 tombeaux avec un corps dans chacun, dont la tête d'un parut avoir été fendue par un sabre.

Mais il est temps de finir une lettre déjà trop longue de moitié ; je vous en fais mes excuses. Le désir de vous faire part de mes petites recherches m'a fait prendre cette liberté. J'espère que vous la pardonnerez à celuy qui fait gloire d'être avec un profond respect, etc.

(Sans date. Mais Bouhier a écrit en tête : « novembre 1734. » Dans trois lettres adressées à Fenel en 1734 (Lettres n°s 201, 202 et 203), Lebeuf parle également de la bataille *in monte Callau*, et sa dissertation qu'il annonce à Bouhier parut dans le *Mercure* de février 1735. On peut donc tenir pour certaine l'attribution de Bouhier).

(Bouhier a ajouté à la fin de la lettre cette note : « *Catéchisme et grammaire caraïbe*, par le père Raymond Breton, imprimé à Auxerre, il y a 60 ou 70 ans » (1). Les lettres suivantes, ainsi que la lettre n° 208 du recueil imprimé, montrent que Bouhier exprimait à Lebeuf le désir d'avoir cet ouvrage).

XVII.

L'ABBÉ LEBEUF AU PRÉSIDENT BOUHIER.

Auxerre, 16 décembre 1734 et 4 janvier 1735.

Monsieur,

C'est par un pur oubli que je n'ai pas fait mention, dans la dernière lettre que j'ai eu l'honneur de vous écrire, du passage d'Eginhard, duquel vous êtes en peine ; je n'ay encore pu le déterrer. J'en ay parlé à quelques académiciens, qui m'ont promis d'y faire attention. Car est-il probable que l'abbé de Vertot l'ait supposé ? Peut-être l'a-t-il lu dans un faux Eginhard.

J'étois à Paris, lorsque j'y ai reçu votre lettre du 20 novembre. Tout ce que vous y dites, Monsieur, sur Camulus m'a paru fort bon, et j'espère d'en faire usage.

Quoiqu'il paroisse difficile de bien remplir le sujet proposé par Messieurs de Soissons, je l'ai cependant entrepris, et j'ai plus fait : car, étant à Paris dans le temps des premières gelées, je me suis transporté dans le Soissonnois pour voir de mes yeux les montagnes de Noyon, proche Soissons, et de Bièvre, proche Laon, que je soupçonne être le *Noviodunum* et le *Bibrax* de César ; et je ne suis pas fâché d'avoir fait ce voyage, car la vue des objets m'a confirmé dans ma pensée, et je suis en état de parler *de visu* du camp de César sur l'Aisne, de la montagne où il attendoit le

---

(1) Raymond Breton, était originaire de Vitteaux, comme il le dit à la page 410 et 411 de son *Dictionnaire Caraïbe*, imprimé à Auxerre, en 1665, aux frais de M. Leclerc de la Forêt, auteur auxerrois auquel il est dédié. Ces livres de Raymond Breton sont encore aujourd'hui, sinon recherchés, du moins assez rares.

passage des Belges, du petit marais qui les séparoit d'avec les Romains, etc...

J'ai vu l'inscription d'Isis, trouvée il y a 50 ans, à Soissons, dans un bâtiment de l'Hôtel-Dieu, derrière la cathédrale. On l'a incrustée dans le mur d'un jardin de cette maison. Il n'y a pas *Isi Myrionymæ*, comme dom Mabillon l'a imprimé à la fin de son *Iter germanicum*, mais

ISI.

MYRIONYMA.

Où vous voyez des points de suite dans l'imprimé de la 3e et 4e ligne, la pierre étoit rongée et on y a mis des plâtres en place. Je croirois que METIS, de la 4e ligne, seroit la fin d'un mot, et qu'il y auroit eu NEMETIS; car ce mot signifioit un temple chez les Celtes. S'il s'agit de Metz, pourquoi la pierre est-elle à Soissons. D'ailleurs le mot de Metis est-il commun pour signifier Metz dans les inscriptions ? L'empereur a mis AUG, et l'original a AVG.

J'ay aussi vu la pierre dont le P. Martin a donné la figure : elle est, comme il le dit, sur une des portes du cloître Saint-Médard; mais il n'a pas été servi fidèlement, car à main gauche, en bas, ce ne sont pas des chiens qui badinent, mais c'est la figure d'un monstre marin, couché sur des eaux. Je croy que c'est une pierre sépulcrale qui représente l'apothéose d'un jeune payen riche, qui quitte les plaisirs de la vie et de la terre pour jouir de ceux du ciel ou paradis du paganisme. Je vous prie de m'en dire votre sentiment.

J'ay vu enfin une des colonnes milliaires; j'ay lu ce que M. de Mautour en a dit, et dom Bernard depuis lui. Ce dernier m'a dit que c'est une omission dans le graveur d'avoir mis *Myrionyma*, mais que l'éditeur devoit se conformer à cette faute et en avertir, et non pas la corriger. Les points après chaque mot ont trois dents.

Je profiterai, Monsieur, de votre remarque sur *basium*, on n'auroit pas dû le mettre dans le glossaire de la basse-latinité.

Il y a bien à démêler dans les mesures de l'*Itinéraire* d'Antonin. Je suis embarrassé d'accorder comment de *Samarobriva* à Soissons il y a dans certaines éditions, comme celle dont s'est servi M. de Valois, 57 mille pas seulement, et dans celle de Siruta, 89 mille. Si d'*Augustomagus* et de *Litanobriga* à Soissons il n'y a que 13 mille pas, en tout 16 mille, ces 2 lieues doivent être dans le Soissonnois. Mais si d'*Augustomagus* à Soissons il y a 12 mille pas, cela change un peu la chose. L'exemplaire de Siruta en met 22 mille. Le P. Mabillon, dans sa *Diplomatique*, met aussi 12 mille pas entre *Augustomagus* et Soissons. Si l'exemplaire de M. de Valois et celui du P. Mabillon sont les plus exacts, je croirois que *Litanobriga* seroit Puys à Laine, et *Augustomagus* Autreche, tous deux au couchant d'été de Soissons, à 4 ou 5 lieues de la ville : une des chaussées, dite de Brunehaut, n'en passe pas loin.

On m'a fait espérer de déterrer les livres caraïbes que vous demandez.

J'ay lu, dans le *Journal des Sçavants* de 1707, un extrait des disquisitions du P. Lempereur; il y est parlé de Bibrax. Je souhaiterois fort avoir ce livre, au moins par emprunt, car il manque en cette ville. Je profiterai de la première occasion, puisque vous me le permettez, pour vous envoyer une demi-douzaine d'exemplaires de ma dissertation. On verra quel débit en fera le nommé Reomille ; et si j'ay alors le livre caraïbe, je l'y joindray.

Je profiteray, Monsieur, de ce que vous m'apprenez sur........ J'en grossiray mon petit écrit.

J'ay averti M. notre Doyen de la mort de Mme de Lantenay (1), et luy ai fait vos compliments.

Si vous vouliez me le permettre, je vous enverrois, par parcelles, ma future dissertation soissonnoise, qui doit être rendue au 1er février. Vous en series le juge, comme étant un parfait connoisseur, et je me soumettrois à vos corrections en toute manière, soit pour le fond, soit pour le style.

Et ce 4 janvier 1735.

Depuis cet écrit, j'ay résolu, Monsieur, de vous envoyer ma dissertation entière, en vous rendant mes respects pour la nouvelle année ; j'ay bien cherché (mais inutilement) des occasions. N'en trouvant point icy dans les auberges ny dans les monastères, je me suis déterminé à la voye de la poste, aymant mieux qu'il m'en couste un peu davantage et estre sûr que mon paquet vous sera remis. Je vous supplie de rayer, effacer et corriger tout ce que vous croirez le devoir être, et de suppléer par vos richesses à mon indigence. Je seray bien aise d'avoir ce paquet rendu entre mes mains pour le 18 ou 19 du courant au plus tard, parce qu'il me faudra le récrire et l'envoyer à Soissons pour le 31 janvier, après lequel temps je ne serois pas reçu au concours. Il n'est pas trop nécessaire, Monsieur, que je vous prie de me garder le secret sur cet envoy. L'ouvrage ne doit pas passer trois quarts d'heure de lecture. Ainsi les notes marginales n'en sont pas.

XVIII.

L'ABBÉ LEBEUF AU PRÉSIDENT BOUHIER.

Auxerre, ce 6 janvier 1735.

Monsieur,

Vous excuserez, s'il vous plaît, la précipitation avec laquelle je fis, avant-hier, un petit supplément à une lettre ancienne que je me disposois d'avoir l'honneur de vous envoyer. Je ne sçay même si j'ai rendu mon écriture assez lisible, tant y a que j'écrivois promptement ces 10 ou 12 lignes, aussitôt que j'eus traité avec le maître de la poste pour l'envoy de ma dissertation soissonnoise par le courrier.

J'oubliai de vous marquer, Monsieur, qu'à force de perquisitions j'ay trouvé les deux livres dont vous m'aviez écrit, mais la personne qui les a

---

(1) Il s'agit de la mort de Madame Bouhier, marquise de Lantenay, belle-mère du président Bouhier, dont ce dernier avait épousé la fille en octobre 1717. Il en eut deux filles, dont l'aînée épousa M. de Bourbonne, marquis de Chartraire.

ne veut se défaire que du plus gros, qui est le *Dictionnaire caraïbe* (1), et ne m'a point dit ce qu'elle en vouloit. C'est un in-8° assez épais (2). Je ne puis pas même vous l'envoyer que par une occasion, avec quelques exemplaires de ma dissertation, et rien n'est plus rare à présent. Il pleut icy presque tous les jours, et les chemins sont impraticables. C'est par la même raison que M. Papillon aura de la peine à en trouver pour me faire tenir des papiers que l'historien de Tournus m'envoye.

Il m'est venu dans l'esprit que s'il ne s'en présente pas de suite pour ma dissertation soissonnoise, lorsque vous aurez eu la bonté de la revoir et corriger, de la joindre à ce que M. Papillon a à m'envoyer, et de mettre le tout ensemble au carrosse pour Auxerre, qui part une fois par semaine. Mais comme il est quatre jours ou environ en route, je vous supplie de vouloir bien prendre les avances pour que mon petit ouvrage me revienne d'assez bonne heure pour que je puisse le récrire au net, et de bien faire recommander qu'on ne l'oublie pas, lorsqu'il aura été porté au bureau.

Ayant appris, par le *Mercure* de novembre dernier, qu'une des dissertations qui avoient été lues à la dernière rentrée de l'Académie des belles-lettres étoit celle du P. de Montfaucon, sur les armes des anciens Gaulois, j'ay fait fait en sorte d'en obtenir communication par un de mes amis. Il m'en a envoyé un petit extrait que je n'ai reçu que d'avant-hier. Le P. de Montfaucon ne donne aux Gaulois Belges que quatre sortes d'armes : la hache de pierre ou francisque, l'os pointu, l'épée longue et le matras, materi ou maturis, et il cite les tombeaux de Cocherel, en Normandie, dont il a donné la représentation dans ses *Antiquités*, et qui sont à la fin de l'histoire d'Evreux, de l'abbé Le Brasseur, 1722.

Selon le même dom de Montfaucon, les Gaulois avoient la tête couverte et les Barbares l'avoient nue. Il renvoye à *Hérodote*, liv. 3 et liv. 7, chap. 61. Cecy est difficile à vérifier icy où les anciens auteurs sont rares.

Il cite Pline, livre II, chap. 37, pour justifier que les os pointus se mettoient au bout d'une hampe de bois : *Pausanias, in Atticis, Lib 1. Amm. Marcell., lib. 31.* Sur l'épée gauloise, il renvoye à Strabon, lib. II, comme il l'a cité, page 36 du 4e tome de ses *Antiquités expliquées*. Nous avons icy Strabon, mais personne n'a les *Antiquités* du P. de M. Il renvoye encore à Isidore au mot *Francisca*, à Fabresi, *in columna Trajani*, p. 7, et à ce vers de Virgile, Eneid. lib. 7 :

Proba que micant peltæ, micat œreus ensis.

Ce vers lui sert à prouver l'antériorité des armes de cuivre sur celles de fer, et il y joint le témoignage de Lucrèce, ch. 5 :

Et prius æris erat quam ferri cognitus usus.

Et celui d'Homère, Iliad,, 1, 7, sur la massue d'Arestoüs. Je suis surpris que sur la longueur des épées il ait oublié Polybe.

---

(1) Voir pour ce *Dictionnaire Caraïbe* et son auteur Raymond Breton, l'une des lettres qui précède.

(2) M. Juenin,

Sur le matras ou javelot empenné, tel qu'il l'appelle, il cite les mêmes auteurs que M. du Cange a cité au mot *materius*. Il y ajoute le poète toulousain Gouden, chez lequel on lit :

D'un grand cop de matras
Mourir le jour de son trépas.

Le même bénédictin dit qu'il n'a pas entendu parler de haches de fer avant celle qui fut trouvée en 1653 dans le tombeau du roy Childéric.

Voilà, Monsieur, le sommaire du sommaire de la dissertation. Si vous avez quelque chose à y ajouter ou à contredire, vous me ferez un sensible plaisir de me le faire connoître, parce que je vois bien qu'il me faudra ajouter à ma dissertation quelque chose de ce que je viens de rapporter, sauf à en retrancher d'autres choses, puisqu'elle est déjà trop longue. Je croy n'avoir pas traité assez clairement l'article du gouvernement. Celuy des mœurs a beaucoup de choses qui conviennent à tous les Gaulois ; mais il a fallu parler de tous les sujets proposés dans le programme.

Je ne sçai si quelqu'un a déjà fait remarquer que quantité de citez romaines étoient de forme quarrée, ou quarrée oblongue. On vient de m'assurer que Tours l'étoit et avoit cependant un latéral plus long que l'autre. Nevers l'étoit aussi. Je dis cecy par rapport à une note que j'ay faite sur Soissons, après en avoir examiné moy-même la figure et compté les pas du contour. Si vous sçavez quelque autre ville qui ait aussi eu une clôture quarrée, vous me ferez plaisir de me le marquer. Sens d'aujourd'hui, dont les murs ont les bandes de brique comme les autres anciens murs romains, est oval. Ce que j'ay vu des anciens murs de Bourges me fait croire que la cité n'étoit pas quarrée. Dijon ne l'étoit pas non plus.

Je me propose, Monsieur, de renfermer dans le cachet de cette lettre quatre petites médailles du grand nombre de celles qu'un vigneron a trouvé entre deux tuiles antiques, proche notre ville, la semaine dernière. Je ne sçay que penser de ces pièces si petites ; on diroit qu'on les auroit taillées sur des feuilles de cuivre battues avec une machine semblable à celle dont on coupe des petits pains à cacheter. Il y en a qui n'ont été marquées que d'un côté. Dans celles qui sont mieux conservées, on entrevoit des Tetricus, des Quintillus, des Claude-le-Gothique. Vous en trouverez une qui n'est pas plus grosse qu'une lentille. Cela étoit-il maniable ? Quand on veut frotter fort ces petites pièces, elles se cassent en morceaux. Je n'ay point le livret icy qui entre dans le détail de ces minuties.

XIX.

L'ABBÉ LEBEUF AU PRÉSIDENT BOUHIER.

Auxerre, ce samedi 22 janvier 1735.

Monsieur,

Je prends la liberté de vous écrire encore aujourd'hui pour satisfaire au désir que vous êtes de savoir si j'ay reçeu un pacquet par la voye d'une dame de vos amies. Ouy, Monsieur, je l'ay reçeu et très exactement par un domestique qu'elle m'envoya. S'il n'avoit pas été si tard dans le jour, j'aurois été l'en remercier à son auberge.

Quant à vous, Monsieur, je vous en ay beaucoup d'obligation et je vous remercie de tout mon cœur de toutes vos remarques, et de celles de votre dernière lettre. Je les mets toutes en profit ; je m'en trouve bien.

Je lus, dès le même soir, le petit livre du P. Lempereur presque tout entier. Je le trouve rempli de fort bonnes remarques. J'ay cependant de la peine à croire les murs d'Autun si anciens qu'il les fait. Sa dissertation sur Bibrax ne donne guère de lumières ; elle n'a que trois pages.

Je suis très assuré d'avoir renfermé dans un petit papier, sous le cachet de ma précédente lettre, les 4 petites médailles. Ce petit papier tomba apparemment sur votre bureau ou à terre, lorsque vous décachetâtes la lettre, et il aura été ainsi perdu, parce qu'il étoit très petit et difficile à appercevoir. Mais pour réparer cette perte qui n'est rien, je vais en renfermer d'autres en plus grand nombre dans cette lettre, et j'avertiray le directeur de la poste de ce que c'est, afin qu'on ne croye pas que ce soit un métal précieux, et que cela ne fasse pas perdre la lettre. Un curieux de Paris, à qui j'en ai aussi envoyé, m'écrit qu'il en a vu d'aussi petites et même plus petites, de....... et de Marseille, mais en or et en argent. Il croit que celles-cy sont des quarts de....... Il dit que saint Epiphane parle d'un obole qui étoit la 80e partie de l'once, et qui, par conséquent, ne pesoit qu'environ 7 grammes romains, qui sont moindres que les nôtres. Il ajoute qu'apparemment mes médailles sont de cette espèce d'obole, parce qu'en effet elles sont à peu près du poids de 7 grains romains. Il ne me cite point l'endroit de saint Epiphane. Si vous avez de nouvelles observations à faire là-dessus, je vous supplie de m'en faire part.

J'attendray quelque occasion de connoissance pour le livre caraïbe (1) et y joindroi le P. Lempereur. Ne pourroit-on pas avoir en place quelque livre curieux d'histoire ou de voyage ? La personne regarde le *Dictionnaire caraïbe* comme un livre très rare, et je croy qu'elle a raison, quoique ce livre ne soit pas d'une grande utilité en France.

Depuis cette lettre écrite, j'ay fait partir ma pièce pour le pays que vous sçavez. On ne sçauroit trop se presser devant les inondations retardant très fort les courriers. Passé ce mois, on n'est plus reçu.

XX.

L'ABBÉ LEBEUF AU PRÉSIDENT BOUHIER.

Auxerre, ce 5 mars 1735.

Monsieur,

Je ne sçay comment trouver une occasion de vous faire tenir le livre que j'ay de vous. Celui qu'on m'a remis pour la personne qui est de vos amis, et quelques exemplaires de ma dissertation sur l'*Etat des sciences*,

---

(1) Lebeuf envoie peu après le *Dictionnaire Caraïbe* au Président. Voir sa lettre du 26 mars 1735, *Lettres de l'Abbé Lebeuf*, t. II, p. 269.

Voilà trois choses que j'ay à vous envoyer. Nous n'avons relation maintenant avec Messieurs des Etats que par des huissiers qui viennent icy avec des ordres foudroyans pour la réparation des chemins ; et ce n'est pas icy le temps de la transmigration des Bénédictins ny autres religieux. Il faut cependant que je trouve à force de chercher. Je croy que M. Papillon est dans le même embarras et pour les mêmes raisons, par rapport à quelques papiers de Tournus qu'il voudroit me faire tenir.

Je vous remercie très humblement de ce qu'il vous a plu de me marquer touchant les petites médailles dont je vous ay envoyé un échantillon. Vous ne les croyez pas romaines ; mais il y en avoit de romaines par dedans, car j'ay des Tetricus et des Victorinus suffisamment lisibles ; j'ay cru devoir conserver de mon côté ces médailles les plus lisibles afin d'être en état de parler de cette trouvaille, lorsqu'elle sera épuisée. Elle ne l'est pas encore, l'instrument dont on s'est servi pour faire les provins de la vigne ayant mêlé toute cette menuaille de cuivre parmi la terre, laquelle ne sera maniable que durant l'été, et surtout après vendange, lorsque l'on ne craindra pas de gâter le fruit en se mettant dans la vigne et en tournant la terre.

Comme M. Dunod, de Besançon, a envoyé à dom Plancher sa nouvelle Histoire (1), j'ay été des premiers à l'aller feuilleter, en conséquence de l'avis que vous avez eu la bonté de me donner de sa publication. Le P. Bénédictin me permit de le lire d'abord tant que je voulus dans son laboratoire ; je n'étois d'abord curieux que d'y voir où il plaçoit le *Portus Abucina* de la Notice des Gaules. J'ay trouvé qu'il a raisonné de même que moy, qui avois médité il y a environ trois ans ma dissertation à ce sujet, et c'est ce qui m'a fait prendre le parti d'écrire à cet auteur, tout inconnu que je sois, pour le féliciter ; je lui ay fait tenir une copie de ma consultation envoyée en 1732 à Favernex, touchant ce *Portus Buccini*, copie de la réponse et mes raisonnemens subséquens.

Depuis ce temps-là, le P. Plancher m'ayant prêté le livre, je l'ai lu presqu'entièrement, et j'ay l'honneur de vous envoyer quelques observations qui me sont venues en faisant cette lettre. Comme vous êtes, à ce qu'il paroit, en relation avec l'auteur, vous pouvez les lui faire tenir, si vous le jugez nécessaire. Il les recevra encore mieux de votre part que de la mienne, et de votre part elles recevront un nouveau relief.

J'oubliois de vous marquer, Monsieur, que par *Appendix* à ma lettre sur *Portus Buccini*, j'ay marqué, à M. Dunod, que Besançon n'a pas été la seule ville appellée *Chrysopolis* ; que quelques auteurs ont aussi donné ce nom à celle de Lorme, et qu'il y a des sçavans qui croyent à Paris que *Chrysopolis* de Besançon a été imaginé sur la ressemblance de ce nom avec celui des Besans, anciennement pièces d'or.

Je serois bien curieux de sçavoir si la nouvelle édition de l'*Itinéraire* d'Antonin nous développera la route d'Autun à Paris plus clairement ; item, celle d'Amiens à Soissons, etc.

---

(1) *Histoire des Séquanais*, 1 vol. in-4°, 1785.

XXI.
L'ABBÉ LEBEUF AU PRÉSIDENT BOUHIER.

[1735.]

Monsieur,

Deux de mes amis m'obligent à prendre encore la liberté de vous écrire, quoiqu'il y ait peu de temps que j'aye eu cet honneur. Le premier est M. Maillart, ancien avocat, demeurant à Paris, lequel sur le bien que je lui ay dit par écrit touchant le livre de M. Dunod (1), est fort curieux de le faire venir. Il m'a prié de vous assurer de ses respects, comme il sçait que j'ay l'honneur de vous écrire quelquefois, et de vous supplier de sa part de faire dire à M. de Fay qu'il ait la bonté de m'envoyer ce livre par le carrosse, le plutôt que faire se pourra. Il paroît que vous connoissez cet avocat consultant, et qu'il a cet honneur-là. C'est un homme déjà âgé, et qui est ravi de rendre service à tous les gens de lettres. Je lui envoye quelquefois du vin, et il m'envoye ensuite de l'argent. M. de Fay peut croire qu'il en sera de même du livre.

Le second est M. de la Roque l'aisné, celui qui a été autrefois à Constantinople, à Jérusalem, etc., et qui a encore des relations en Orient. Il me prie de vous envoyer de sa part l'empreinte en gravure cy-jointe d'une médaille grecque de l'empereur Commode, frappée à Bizance sous la magistrature de d'Aelius Ponticus, laquelle lui a été nouvellement envoyée de Constantinople. Il l'a en original très bien conservée, et c'est lui qui l'a fait graver. Il tient qu'elle est singulière à cause des deux lettres H. P. qui finissent la légende du revers, et qui peuvent marquer une époque. Il espère donc que vous voudrez bien lui en marquer, ou à moy, ce que vous en pensez. Il ne sera pas nécessaire de me la renvoyer.

J'ay reçu une réponse très honorable de M. Dunod, de Besançon, à l'occasion de la part que je lui ay faite de mes anciennes démarches pour la découverte du *Portus Abuccini*, et de notre rencontre fortuite sur ce point. Je me flatte qu'il recevra aussi gracieusement le mémoire des 16 ou 17 articles que j'ai pris la liberté de vous envoyer.

Je cherche toujours (sans en trouver) des occasions pour Dijon, afin de vous envoyer tout ce que vous attendez.

J'ay fait dessiner, par un jeune garçon de treize ans, la statue informe et gâtée du dieu Mars, sur laquelle je vous demandai votre avis l'an passé; il me paroît l'avoir assez bien attrapée, surtout le visage d'un homme fatigué et usé par les travaux. Il me paroît avoir fait le casque trop élevé et ne l'avoir pas assez fait entrer dans la tête; il a donné une pointe à la pique quoiqu'elle soit cassée, et même aussi le bas de la même pique a été emporté de vétusté. Ce reste de figure paroît avoir quelques deux pieds et demi; ainsi lorsqu'elle étoit entière, elle en avoit autour de cinq. Elle est posée, ainsi que j'ai eu l'honneur de vous l'écrire, sur un cul-de-

---

(1) *Histoire des Séquanais*, publiée en 1735.

lampe, à 4 coins du portail de Saint-Renobert, qu'on bâtissoit dans la cité, vers 1540 et 1550. Mais il est visible que cette statue rongée et mutilée comme elle est, et d'un grain de pierre tout autre que le portail et bien plus dur, peut avoir quelque quinze cens ans ou même plus. Je vous prie de me renvoyer ce petit desseing, afin que je le fasse retoucher, et de m'en dire votre sentiment, et si vous persistez à croire que c'est un Mars.

P.-S. Comme l'église de Saint-Regnobert est presque dans le milieu de la cité, et qu'il y avoit vis-à-vis, et tout à fait dans le milieu de ladite cité, aux xiii°, xiv° et xv° siècles, une célèbre et spacieuse hôtellerie de *la Souche*, ne pourroit-il pas se faire que ce fût en ce lieu qu'étoit l'arbre sacré des payens, où l'on attachoit les dépouilles des ennemis, et où depuis les chasseurs (tel que Germain, gouverneur du Trait-Armorique) attachèrent quelques parties de leur gibier? L'endroit peut avoir été appellé *la Souche*, en mémoire de ce qu'il put repousser des racines de l'arbre que saint Amatre avoit fait couper; j'ay remarqué que quelquefois l'enseigne des anciennes hôtelleries est fondée sur des traits d'histoire. L'auteur qui a publié, l'année dernière, un éloge historique de la chasse, dans le *Journal des Sçavants* de janvier de 1735 donne un extrait, dit que l'arbre sacré, ainsi planté au milieu des citez, étoit un orme ou un chêne. Constance de Lyon dit, cependant, dans la vie de saint Germain d'Auxerre, que c'étoit un poirier, *pirus*, qui étoit au milieu de la ville. Faut-il nécessairement traduire *pirus* par poirier?

Puis-je, Monsieur, vous demander si vous connoistriez particulièrement quelque dignité ou chanoine de Notre-Dame de Paris? Excusez la liberté que je prends de vous faire cette question.

XXII.

L'ABBÉ LEBEUF AU PRÉSIDENT BOUHIER.

A Paris, au Cloître Notre-Dame, chez M. Magnan, bénéficier.

Ce 4 juillet 1735.

Monsieur,

J'ay l'honneur de vous écrire aujourd'hui de Paris, où je suis resté à mon retour de Soissons, pour vous demander la continuation de votre protection dans mes petits travaux littéraires. Quoique j'ay été arresté uniquement pour travailler à l'avancement du nouveau bréviaire de Paris, qu'on se presse d'imprimer, vu le grand âge de Monseigneur l'archevêque, cela ne m'empêche pas de faire quelquefois diversion et de jetter les yeux sur d'autres matières. Je suis icy à la source des livres, mais le temps me manquant, je ne fais qu'effleurer mes sujets. J'auray l'honneur de vous dire encore, sous le secret, que je travaille par intérim à recueillir des matériaux pour le 2° prix de Soissons, c'est-à-dire le prix de l'année prochaine, dont voicy le sujet:

— Sur l'époque de l'établissement fixe des Francs dans les Gaules;

— Sur la vérité ou fausseté de l'histoire de l'expulsion de Childéric et de l'élévation d'Egidius en sa place, et de son rétablissement sur le throne par l'adresse de Guyemand ;

— Sur l'espèce et l'étendue de l'autorité d'Egidius et de Syagrius, son fils, dans le Soissonnois et pays circonvoisins ;

— Sur le lieu où fut donnée la fameuse bataille de Soissons.

Vous pouvez avoir, Monsieur, quelques manuscrits, soit de Grégoire de Tours, soit de quelques autres, qui pourroient servir à la vérification des anciennes traditions. Je vous déclare, par avance, que je n'embrasserai pas le système du P. Daniel, qui fait naistre Clovis au-delà du Rhin. Avant d'avoir lu l'auteur anonyme des *Singularités historiques*, imprimées l'an passé, j'avois pris ce parti, fondé sur les mêmes raisons que luy. Je ne donneray cependant pas non plus tout à fait dans le système de M. l'abbé du Bos.

Auriez-vous quelques manuscrits de la Chronique de Prosper ou d'Idace, ou d'Aymoin, ou de Frédégaire, en un mot quelque chose qui pût servir à faire quelque découverte ?

Le P. Daniel, etc., sont embarrassez à concilier ce que dit Grégoire de Tours, lib. 2, cap. 9, sur la fin : *Litora Rheni amni incoluisse* ; je conjecture qu'il y a dû avoir : *Litora Rheni ac Meni*, et le bon sens paroît le demander. Le défaut de la lettre S dans Duchesne le laisse à penser ; j'ay vu un manuscrit devers l'an 800, où j'ay lu *amnes* au lieu d'*amni*, il faut qu'il y ait eu de l'altération dans cet endroit ; il est de mon intérêt de soutenir la réputation de saint Grégoire de Tours pour combattre le P. Daniel, qui paroît s'en mocquer.

Je vous supplie donc, Monsieur, de voir si vos manuscrits peuvent me fournir de nouvelles lumières, chroniques, catalogues de nos rois, etc.

Malingre parle, dans ses *Annales de Paris*, à la page 5, d'une *Histoire de Toulouse*, écrite sous Charles-le-Simple. Je n'ay rien vu qui l'indiquer dans le P. Le Long, même à l'article de Toulouse. Elle me seroit peut-être utile pour la découverte du lieu de la bataille de Soissons.

A quoy réduiriez-vous l'autorité des rois Egidius et Syagrius ? Cet endroit me paroîtra difficile à traiter.

Voilà, Monsieur, bien des choses que je prends la liberté de vous proposer, me flattant que vous me continuerez vos bontés comme dans le temps que j'étois à Auxerre. Si je sçavois quels sont les chanoines de Notre-Dame que vous connoissez, j'aurois l'honneur de leur parler quelquefois, puisque je suis logé dans le Cloître Notre-Dame.

M. Dunod m'a fait l'honneur de m'écrire, me croyant à Auxerre ; je prends la liberté de vous envoyer un petit mot pour lui. J'ay acheté un Hevin(1) pour vous que M. Potel, chanoine à Auxerre, mon confrère, qui

---

(1) Le livre de M. Hevin dont il est ici question doit être *Observations sur la coutume de Bretagne*, publiées en 1734, l'année qui précède cette présente lettre de Lebeuf. Il est de Pierre Hevin, jurisconsulte, né en 1621, décédé en 1692. Il y avait bien un Prudent Hévin, contemporain de

fait mes fonctions, a l'honneur de vous envoyer. Je l'ay payé de l'argent de M. Maillard. Vous devez l'avoir reçu. S'il y a quelque autre chose pour votre service, je vous prie de me le faire sçavoir. Connoîtriez-vous particulièrement M. l'abbé Sallier, qui est de Saulieu ? M. Papillon l'a connu autrefois. Dès lors que j'aurois des exemplaires de ma dissertation Soissonnoise, j'auray l'honneur de vous en faire tenir.

XXIII.

L'ABBÉ LEBEUF AU PRÉSIDENT BOUHIER.

Paris, 22 janvier 1735.

Monsieur,

Je suis très sensible à toutes les bontez que vous me témoignez dans la lettre dont il vous a plu de m'honorer. J'examineray de plus près les endroits de Grégoire de Tours sur lesquels j'ay des conjectures. Celle de *Rheni ac Moeni* n'a cependant pas déplu au R. P. Bouquet, éditeur de Duchêne, mais cela ne suffit pas.

L'auteur des *Singularités historiques* est un P. Liron, bénédictin, qui a cy-devant donné la *Bibliothèque chartraine*.

J'ay vu M. Loyan, lequel m'a paru fort occupé; luy ayant fait part de ce que vous me mandiez, il m'a dit qu'il avoit vu, lundy 18 de ce mois, M. de Gauville, et que ce gentilhomme luy avoit demandé quinzaine, qu'il n'avoit pu luy refuser, et que je pouvois vous assurer qu'il ne vous oublioit pas. Comme je lui dis que je vous écrivois aujourd'huy, il me pria de vous assurer positivement de ses diligences, sans quoy il auroit eu l'honneur de vous le marquer luy-même. Au reste, comme ce Monsieur voit souvent les principaux de Messieurs de Notre-Dame, desquels je suis déjà connu, je vous prie de vouloir bien luy dire quelque chose en ma faveur à la première occasion. Je vous demande la même grâce à l'égard de M. Baugin, le chancelier, quoiqu'il ne se mêle pas beaucoup des affaires du Chapitre. Comme il voit souvent plusieurs de ses confrères, un petit mot ne peut pas nuire. Mais cependant, je ne voudrois pas vous donner la peine de luy écrire exprès pour moy; cela paroîtroit moins sollicité si cela se trouvoit en peu de mots à la fin d'une lettre. Je me soumets au reste à ce que vous jugerez plus à propos.

Un petit mot aussi à M. l'abbé Sallier (1), quand l'occasion s'en présentera, ne peut que m'être très utile par rapport à mes travaux ; je vous en seray, Monsieur, très obligé.

J'avois l'honneur d'être connu, il y a longtemps, de dom Bernard de

---

Lebeuf, né en 1715, mort en 1785, chirurgien distingué, qui a laissé aussi plusieurs ouvrages. Mais les travaux de cette nature devaient avoir peu d'intérêt pour Lebeuf et pour l'abbé Potel, et d'ailleurs ce chirurgien qui n'avait que vingt ans, en 1735, n'avait pas encore fait de travaux importants.

(1) L'abbé Sallier était bibliothécaire de la Bibliothèque du roi.

Montfaucon. J'ay été lui présenter le dessin de la médaille que vous avez eu la bonté de m'envoyer. Réflexions faites, il a jugé que la princesse qui y est représentée pourroit bien être Rénée de France, duchesse de Ferrare, fille de Louis XII, laquelle appuya fort le parti huguenot, et quoiqu'elle ne fût point belle, la flatterie auroit porté quelque ouvrier à fabriquer cette pièce en son honneur; qu'au reste, on n'a nulle part son portrait. Il m'a montré, dans son *Antiquité expliquée*, à l'endroit des trois grâces, que l'on avoit fabriqué une semblable médaille en l'honneur de Catherine de Médicis ; mais votre pièce ne se représente point. Je verrai encore là-dessus M. de Boze, et on parviendra peut-être à découvrir la vérité.

XXIV.

L'ABBÉ LEBEUF AU PRÉSIDENT BOUHIER.

Paris, ce 26 novembre 1735.

Monsieur,

Quelques jours après que j'eus reçu l'honneur de votre lettre, je parcourus les quais avec votre mémoire, et ce fut en vain, car je n'y pus trouver que les lettres de M. Huet, ramassées et publiées par M. l'abbé de Tilladet. La dissertation sur *Vigrinianus* et celle sur *Magnia Urbica* sont si rares, que l'auteur même n'en a pas. Je m'étois adressé à luy au défaut des libraires. Il la cherche pour luy-même et ne l'a pas encore trouvée.

Je vous suis, Monsieur, très obligé de m'avoir procuré, par la connoissance de M. Dunod, l'excellent livre de cet auteur. Le sieur Briasson (1) me l'a délivré en blanc sur l'ordre de M. de Fay (2), que je lui ay laissé et que j'ay endossé. Je prends la liberté de renfermer icy mes remerciements pour l'auteur. Je vous envoye, et à lui pareillement, un exemplaire de ma petite brochure, que je vous prie de recevoir comme une faible marque de ma reconnoissance et de l'hommage que je vous dois.

Je chercheray ces jours-cy, les *Coutumes du Berry et de Lorry*, jointes ensemble, in-folio, lesquelles M. Maillard m'a demandées pour vous.

On m'a averti que le bénédictin qui prépare l'histoire de Rouen, ayant lu ma dissertation sur Soissons, fait quelques objections qu'il veut rendre publiques.

Il prétend que *Dunum* ne signifioit pas montagne chez les Gaulois, mais profond. Il en apporte pour preuve que ce nom fut porté par une rivière du pays de Caux, et que le nom de la Dordogne est, selon lui, dérivé de *Dous* et *Dun*, eau profonde. Il me donne point de garant de ces choses. Cela luy paroit tel. Mais il me semble qu'il suffit de faire attention aux autoritez citées par le glossaire de Du Cange, et même dans Calepin, au mot *Dunum*, pour persévérer dans l'ancien sentiment et se défier du nou-

(1) Imprimeur à Paris.
(2) Imprimeur à Dijon.

veau Celtique du P. Duplessis. La prétendue rivière du pays de Caux n'est qu'un mauvais ruisseau qui a environ trois lieues de cours et se jette dans la mer après avoir traversé un petit canton nommé *Deus*. Je doute de son étymologie de Dordogne, puisque plusieurs très anciens l'écrivent *Dornonia*, et que parmi les écrivains du moyen-âge, Aymoin dit (Duchêne, t. 3, p. 5), qu'elle tire son nom de deux sources ou montagnes, dont l'une a nom *Der*, l'autre *Don*. Le P. Duplessis avoue que dans le teutonique *Dun* signifie montagne, mais il ne veut pas que ce soit dans le celtique. Détruisant donc, à ce qu'il pense, ce qui m'a fait croire que *Noviodunum Suessionum* ne pouvoit être Soissons, qui est un pays plat, il prétend que je reviendrai au sentiment de Samson, qui, en démontrant que ce ne pouvoit être Noyon en Vermandois, a désigné Soissons pour position de ce *Noviodunum Suessionum*. Je me prépare à lui répondre que mon sentiment, loin d'être opposé à celuy de Samson, en est une nouvelle preuve, et qu'il sert à autoriser, comme il a fait, la pensée de ceux qui ont envisagé Noyon du Vermandois dans *Noviodunum* de César; que la distance d'une demi-lieue de l'endroit où l'on voit aujourd'hui Soissons, ne vaut pas la peine de chicaner, la montagne de Noyon étant censée ne faire qu'un tout avec Soissons ; qu'ainsi ma réflexion sur Noyon est une confirmation du sentiment de Samson, et qu'il s'en feroit fort pour appuyer ses idées, si cela lui étoit venu à l'esprit.

N'auriez-vous point d'exemples de pareils cas, où il ne convient pas de disputer pour une demi-lieue de plus ou de moins, dès lors qu'on trouve une conformité dans le nom et dans la situation ? Je me serviray, Monsieur, de ce qu'il vous plaira m'envoyer là-dessus. Certainement, si je trouvois le nom de *Aguend* ou *Agendic* subsistant pour désigner quelque montagne ou quelque marais proche Sens, cela me porteroit à croire que la capitale du Sénonois n'étoit pas où subsiste aujourd'hui la ville romaine et chrétienne de Sens. On croit à Sens qu'elle étoit à demi-lieue plus haut, vers le midy.

Je me sentiray fort honoré de la réponse qu'il vous plaira de me faire et des ordres qu'il vous plaira me donner.

XXV.

L'ABBÉ LEBEUF AU PRÉSIDENT BOUHIER.

Paris, au Cloître, ce 26 décembre 1735.

Monsieur,

Vous m'avez infiniment honoré en me chargeant de quelques-unes de vos commissions ; je m'en suis acquitté de mon mieux que j'ai pu. Mais le tout s'est borné aux lettres de M. Huet (1), que vous avez reçues, et à la coutume de Lorris, jointe à celle de Berry, de l'édition de l'an 1679. J'ay remis ces jours derniers ce 2ᵉ volume chez M Martin (2), lequel s'étoit

---

(1) Huet, chanoine de la cathédrale d'Auxerre. Voir à son sujet les *Lettres de Lebeuf*, t. 1, p. 141 et 144.

(2) Martin, avocat, était employé à l'Hôtel-de-Ville de Paris. V. *Lettres*

offert de luy-même à me rembourser le prix, dès la première fois que j'allay chez lui. Le volume de la Thomassière est fort rare ; M. Maillard (1) me l'avoit prédit, et l'a cherché aussi. On me l'a fait quinze francs et je l'ay eu à trois livres moins. Les deux volumes de M. Huet sont de 40 sols chacun. L'épouse de M. Martin m'a dit que son mary vouloit me remettre le déboursé. Je n'ay pas cru qu'il fallût vous écrire pour cela. Mme de Laulne n'a rien sur les Gordiens qu'un petit livre en françois, qui n'est pas ce que vous demandez.

M. Maillard, qui vous assure de ses très humbles respects, sachant que je devois avoir l'honneur de vous écrire, m'a remis pour vous une feuille qui contient la copie qu'un de ses amis de Trévoux luy a écrite touchant l'ancien manuscrit des coutumes de Dombes.

J'avois déjà fait une réponse à dom Duplessis (2), lorsque j'ay reçu la lettre dont vous m'honorez. Je verray néanmoins les trois auteurs auxquels vous me renvoyez. On est fort content de la réponse que j'adresse là-dessus aux auteurs du *Mercure*. Elle sera imprimée dans le *Mercure* de janvier, pour paroître au jour vers le 9 ou 10 de février ; j'y détruis sans ressource les preuves sur lesquelles M. Duplessis s'appuie.

Je me ressouviens qu'il y a un pays aux environs de Dijon que des titres rapportez dans Pérard ou dans la chronique de Bèze appellent *Pagus Atoariorum* (3). Ce pays ne pourroit-il pas avoir tiré ce nom de quelques Francs surnommez *Attuarii*, dans Ammien-Marcellin, lib. 20. Si des Saxons ont pu donner leur nom à quelques contrées autour de Bayeux, ainsi que l'on en convient, pourquoi une colonie ou tribu de Francs Attuaires n'auroit-elle pas fait la même chose du côté de Dijon ou de Langres ? Je vous prie, Monsieur, d'avoir la bonté de me marquer ce que vous pensez là-dessus. J'hazarderay ma conjecture dans une note à l'occasion des courses des Francs.

La circonstance du temps dans lequel je finis cette lettre me permet de vous souhaiter une longue suite d'années exemptes d'infirmités. Ce sont les vœux sincères que pousse vers le ciel celuy qui a l'honneur d'être avec le plus profond respect, etc.

---

de Lebeuf, t. II, p. 462-469.] obtint en 1744, un prix de l'Académie des Inscriptions.

(1) Voir au sujet de M. Maillard, les *Lettres de Lebeuf*, t. II, p. 68-192.

(2) Toussaint Duplessis, bénédictin. Lebeuf lui adressa plusieurs lettres et eut avec lui diverses discussions au sujet du mot *Dunum*, qui parurent dans les *Mercures* de janvier, mai et juin 1736. Voir une lettre de ce savant dans le *Bulletin de la Soc. des Sc. hist. et nat. de l'Yonne*, t. XIII, p. 117.

(3) Le *pagus Atoariorum* était situé dans le canton de Mirebeau (Côte-d'Or) où existait aussi l'abbaye de Bèze. Ses habitants étaient une colonie de Francs nommés en effet *Attuarii*, et établis dans le Langrois sous Constance-Chlore.

XXVI.

L'ABBÉ LEBEUF AU PRÉSIDENT BOUHIER.

Paris, ce 29 avril 1736.

Monsieur,

Il ne m'appartient pas de donner à l'ouvrage dont vous m'avez fait présent (1) les louanges qu'il mérite, ni aux sçavantes notes dont il est enrichi ; je me borne à vous marquer icy mes très humbles remerciements d'un présent si honorable. Je voudrois de mon côté avoir quelque ouvrage qui pût vous être présenté, mais je suis toujours dans l'embarras du nouveau bréviaire de Paris, et cela durera encore quelque temps. Cette occupation ne m'empêche pas, cependant, de cultiver l'étude de l'antiquité. Le P. Duplessis m'a encore obligé de lui répondre, par une seconde attaque qu'il m'a livrée dans le *Mercure* de mars, toujours sur *Dunum* (2). Ma réponse paroîtra dans celuy d'avril. Elle est imprimée de ces jours-cy. C'est le P. Biet, génovéfain, abbé régulier de Saint-Léger de Soissons, qui a remporté le prix de l'Académie de la même ville, pour cette année. On mande de Soissons qu'une pièce, dont je connois l'auteur (3) en a si fort approché, que s'il y eût eu deux prix à donner, elle auroit eu le second. Elles seront imprimées toutes les deux dans le cours de cette année, et on verra quelle est celle qui renferme le plus de recherches.

J'ay été informé qu'il est impossible que MM. de Notre-Dame (4) obtiennent pour moy quelque chose de la Cour. Mes adversaires compatriotes m'y ont dépeint il y a trop longtemps sous des couleurs qui ne leur coustent rien. On parle de me donner une pension sur le clergé de Paris; je ne croy pas qu'elle soit assez forte pour me fixer à Paris ; je voudrois trouver le moyen de permuter mes deux bénéfices pour quelque bénéfice simple. Ces sortes d'occasions sont rares (5). Mais comme vous êtes, Monsieur, des premiers parens de Mgr l'évêque de Dijon, qui est maintenant abbé dans notre ville, ce pourroit être une occasion de me faire connoître à luy. Je ne me mêle que de littérature et non de théolo-

---

(1) *Johannis Buherii Epistola ad Petrum Burmannum, scripta die XXX octob.* 1733, imp. au VIII vol. p. 254 des *Miscellaneæ Observationes criticæ in auctores veteres et recentiores*, Amsterdam, 1736, in-8°.

(2) Voy. à ce sujet *Lettres de Lebeuf*, t. II, p. 185, note 3.

(3) C'étoit de lui-même qu'il vouloit parler. Voy. pour les éclaircissements de cette lettre les notes du t. II de la *Correspondance*, p. 196 et suivantes.

(4) Les éditeurs des *Lettres de Lebeuf* n'ayant eu qu'une mauvaise copie de cette lettre, mettent à tort, t. II, p. 191 : « M. de Noailles » au lieu de : « MM. de Notre-Dame. »

(5) Voyez au sujet des inquiétudes de Lebeuf pour son avenir, *Lettres de Lebeuf*, t. II, préface, p. XXIV.

gie. Quelques-uns appréhendent que M. Hardion (1) ne m'ait desservi auprès du cardinal-ministre. Connoistriez-vous particulièrement cet académicien ? Il m'avoit fait offre de service. Mais la question est de sçavoir s'il a parlé sincèrement. Il y a de ces messieurs de Notre-Dame qui, étant abbez, ont des prieurés à donner, d'autres des chapelles. Mais chacun a des parents ou amis. On s'embarrasse peu des gens de lettres.

Je m'occupe, dans mes intervalles, à ramasser de quoy écrire sur le sujet du prix de l'Académie des belles-lettres, pour 1737 : c'est-à-dire sur l'Etat des sciences depuis la mort de Charlemagne jusqu'à celle du roy Robert. Ma dissertation ne peut devenir plus curieuse et plus intéressante que les autres, qu'autant que j'y citeray des faits qui ne seront guère connus, et que j'y ferai connoître des ouvrages qui n'ont point encore été imprimez. Vous sçavez, Monsieur, si vous avez parmi vos manuscrits des auteurs du règne de Charles-le-Chauve et des rois suivans, surtout du xe siècle, où les écrivains ont été plus rares. J'en ay découvert icy quelques-uns, mais cela ne me suffiroit pas. Je me propose de parler de toutes les sciences et arts libéraux. J'ay trop de choses sur la musique de ces temps-là, mais je n'ay presque rien sur la médecine, sur le droit civil, ny sur la géographie.

A ce sujet, Monsieur, je vous prie de me faire part de votre avis touchant une faute remarquable que je croy être dans le P. Mabillon, *Annales Bénéd.*, t. 3, p. 126, et que M. Fleury a adopté dans son histoire. Ils font, tous les deux, un auteur de l'*Eugraphius*, qui est nommé dans la 7e lettre de Gerbert (t. 2, Duchêne). Pour moi, il me paroît qu'Eugraphius ne signifie là autre chose que *bene scribens*, *un bon écrivain*, et que Gerbert a voulu dire à Airard qu'on prenne un bon écrivain, ou qu'on récrive les livres des abbayes d'Orbais et de Saint-Bâle. Peut-être faut-il lire *prescribat* au lieu de *prescribant* : Je ne conçois pas d'autre *Eugraphius*. Gerbert, qui étoit un sçavant hérissé de grec, a voulu se servir de ce mot extraordinaire pour marquer sa pensée à un autre sçavant. Si Eugraphius est un livre, la lettre de Gerbert n'aura pas de bon sens.

M. l'avocat Maillard, qui vous assure de ses respects, m'a prié de vous suggérer qu'il ne seroit pas hors de propos de faire recueil de tous les actes et pièces concernant l'érection de l'évêché de Dijon, et de le rendre publique.

Il est arrivé ce matin un accident étonnant en la personne de M. l'abbé Couët, notre voisin. Comme il alloit de Notre-Dame à l'archevêché, un quidam mécontent de luy l'a attaqué en surplis qu'il étoit, et luy a enfoncé un poignard dans le sein, et cela à 8 heures et demie du matin. On dit que la blessure n'est pas mortelle. L'assassin a été arrêté à 11 heures, dans la rue Saint-Martin, et conduit à l'archevêché, où on a reconnu que c'est un fou, qui avoit déjà été renfermé à Bicêtre. C'est un garçon chapelier.

Depuis cecy écrit, ce 30 avril, Couët vient de mourir à 9 heures (2).

(1) Dans les *Lettres de l'Abbé Lebeuf*, t. II, p. 197, on met à tort : « *Quelques uns opp[osent] que M. H[enault]* » au lieu de : « *Quelques uns appréhendent que M. Hardion.* »

(2) Cette lettre que nous publions ici d'après l'original avait été donnée

XXVII.

L'ABBÉ LEBEUF AU PRÉSIDENT BOUHIER.

Paris, ce 20 août 1736.

Monsieur,

Le jeune ecclésiastique de votre ville qui vient de finir ses humanités par la cérémonie des Paranymphes, dont il a été le principal auteur, m'a prié de le charger de cette lettre, pour avoir l'occasion de vous assurer de ses très humbles respects. Indépendamment de cette conjoncture, je devois il y a longtemps avoir l honneur de vous écrire pour vous donner avis sur le mémoire dressé touchant Guillaume Bouvier ; mais M. Maillard n'a pu l'envoyer à Arras que depuis quinze jours. J'ay vu ce qu'il y ajoute tiré de *Locrius*, je croy que cet auteur le nomme de Bouvières ou de Bonnières. M. Maillard m'a prié de vous renouveller ses respects. Il espère être très bien servi.

J'ai voulu vérifier s'il existoit un Eugraphius sur Térence. Je le trouvois dans le catalogue des manuscrits Colbertins ; j'ay eu recours à ce manuscrit. Il est sans commencement ny fin. Une main récente que je croy être celle de M. Baluze, a écrit en marge *Eugraphius in Terentium*. Ainsi cela ne donne pas grande lumière. J'ay appris, par le catalogue général des manuscrits, qu'il y avoit aussi quelque chose de cet *Eugraphius* en Angleterre. C'est aussi sur Térence.

Je suis persuadé que si je tenois votre catalogue de manuscrits, je trouverois de quoy y profiter par rapport à mon dessein. J'en ay parcouru icy de moins copieux, dans lesquels je n'ay pas laissé de trouver des matériaux qui auront leur place dans l'écrit dont je vous ay parlé dans ma précédente. Par exemple, je suis tombé dans une bibliothèque fort modique, sur un manuscrit de saint Maxime, diacre, dédié à l'empereur Charlemagne par Jean...... L'écriture est du xe siècle, et la fin de ce livre est un catalogue fort succinct de livres qu'on dit avoir appartenu à l'abbaye de Saint-Bénigne (1), ce qui prouve que l'ouvrage de saint Maxime en vient. Dans le petit inventaire, qui étoit une espèce de mémoire pour le bibliothécaire, on voit d'une écriture du xie siècle :

« Dnus abba Hal. clericis lingonensibus prudentium.

dans les *Lettres de l'Abbé Lebeuf*, t. II, n° 224, d'après une minute très fautive. La comparaison des deux textes prouve le danger de certaines restitutions. La copie possédait cependant une addition provenant d'une feuille séparée qui n'est plus à l'original — d'autre part l'original porte un post-scriptum qui n'avait pas été copié ni reproduit par les éditeurs des Lettres.

(1) L'importance de ce passage n'échappera à personne. Nous n'avons pas au xie siècle d'inventaire de la bibliothèque et des manuscrits que possédait Saint-Bénigne. Ce manuscrit indiqué par Lebeuf serait des plus précieux s'il se retrouvait.

« Oratium, Lingonensibus, pro dialectria Victorini.

« Gesta Longobardorum domino Gibiuno absque vadio. »

Ce petit fragment prouve qu'on avoit Prudence et Horace à Saint-Bénigne, et que les chanoines de Langres se munissoient de livres à Dijon, soit par achapt, soit par emprunt. *Hal.* ne peut être que l'abbé Halinard (1), fait archevêque de Lyon en 1045. Le premier article met *Biblia Wulfadi*. Les autres livres sont des auteurs profanes. Ce petit morceau eût été utile à dom Mabillon dans la dispute contre l'abbé de la Trappe, s'il en eût eu connoissance.

M. l'évêque de Soissons a souhaité qu'on fît une collection des trois lettres de dom Duplessis contre moy et de mes trois réponses. Le sieur de l'Epine vendra incessamment tout cela avec la dissertation victorieuse du P. Riet, abbé de Saint-Léger de Soissons, laquelle a pour trois bonnes heures de lecture ; et il y joindra deux autres dissertations qui ont concourru, qui sont beaucoup plus courtes, et de l'une desquelles vous connoissez l'auteur.

XXVIII.

L'ABBÉ LEBEUF AU PRÉSIDENT BOUHIER.

Paris, ce 22 janvier 1737.

Monsieur,

J'ay l'honneur de vous envoyer une lettre que M. de la Roque m'a remise ces jours derniers pour vous. Il vous parle sans doute d'un petit pacquet de médailles qu'il m'a aussi mis entre les mains et que j'ay donné ce matin à M. Martin, qui m'a promis de vous l'envoyer par M. le président de la Mare, avec une estampe du P. de Linières. Cette estampe m'ayant été livrée toute roulée, j'ay rempli le roulot (*sic*) de papiers inutiles, en partie d'une remarque ou deux que j'ay faite sur le *Pervigilium*, de crainte que le rouleau ne fût écrasé dans la poche ou dans le pacquet où il se trouvera.

M. Maillard vient aussi de me donner une copie de la réponse que M. Blandin, sçavant chanoine d'Arras, fait à son mémoire au sujet de Guillaume de Bouvières prétendu. Vous verrez par là que le Monstrelet ou son imprimeur se (sont) trompés dans le même genre d'erreur que ceux qui mettent *Levitatem* pour *lenitatem*, *Antissiodorum* pour *Autissiodorum*, est un changement bien contraire. M. Maillard, qui m'a expressément chargé de vous renouveller ses respects, fait réimprimer sa

---

(1) Halinard de Sombernon, abbé de Saint-Bénigne de Dijon, dès 1031, a fait copier beaucoup de manuscrits dans son abbaye, et sous son administration enrichit beaucoup la *librairie* du monastère. On peut voir à la Bibliothèque nationale plusieurs volumes manuscrits qui mentionnent son nom, notamment au *Fonds latin*, 9518, fol. 252 v° — n° 11866 fol. 364. Consulter aussi les *Manuscrits de la Bibl. nat.* par M. Léopold Delisle, t. II. — La note de Lebeuf est pour nous une indication nouvelle et intéressante.

coutume d'Artois augmentée; il y aura à la teste un recueil des anciennes coutumes d'Artois au xiii° siècle, lesquelles n'avoient jamais été imprimées. Le hazard m'a procuré, chez l'imprimeur de votre Académie, la connoissance de M. l'abbé d'Olivet, que j'ay eu l'honneur de saluer depuis quinze jours. Il m'a témoigné beaucoup d'amitié, à moy indigne.

Auriez-vous, Monsieur, Eutrope manuscrit? Et si vous l'aviez, voudriez-vous bien regarder vers la fin du X° livre, l'endroit de la mort de Decentius, frère de Magnence. Je doute qu'elle soit arrivée à Sens, ny dans le Sénonois. Les manuscrits du Roy que j'ay consultés ne s'accordent pas là-dessus. Dans un, il y a *Ensenonis*, dans un autre *Decennius*, et non pas *Senonis*. Ces manuscrits, au reste, ne passent pas le xii° siècle.

Je prends la liberté de vous demander la continuation de votre protection pour mes petites études, cette année comme les précédentes.

XXIX.

L'ABBÉ LEBEUF AU PRÉSIDENT BOUHIER.

A Paris, à Saint-Denis-de-la-Châtre, ce 27 mai 1737.

Monsieur,

L'on m'a remis une 2° estampe du P. de Linières, laquelle j'ay l'honneur de vous envoyer par la voye de Saint-Martin. C'est de la part de M. Genebvrier, qui s'étoit trompé en m'en donnant une qui étoit sans inscription.

Je me sers aussi de cette occasion pour vous faire tenir un exemplaire de la collection qu'a formée la dispute littéraire que j'ai eue avec le P. Duplessis. L'autre exemplaire est pour M. Dunod, dont le nom approche assez au monosyllabe qui faisoit l'état de la question.

Il ne s'est rien passé de nouveau à mon sujet, sinon qu'en même temps que mes efforts ont été vains pour obtenir le prix de l'Académie des belles-lettres, qui étoit l'*Etat des sciences depuis Charlemagne jusqu'au roy Robert*. J'ay appris que l'Académie de Soissons m'avoit adjugé le sien, dont la matière étoit : l'*Epoque de l'établissement du Christianisme dans Soissons et ses progrès jusqu'à l'an 400*. Au reste, on se console aisément, lorsqu'on est sûr que le victorieux a été aidé des mémoires de la personne qui étoit le plus en état de traiter le sujet de l'Académie des belles-lettres. J'ay fait mes recherches seul et j'ay composé seul, aussi ai-je succombé. Le mal est que je ne sçay si j'oseray rendre publique ma dissertation de Paris, quoiqu'elle soit pleine de remarques tirées des manuscrits des bibliothèques de Paris, que l'auteur de la dissertation victorieuse n'avoit pas vus. En quelque endroit que je la fasse imprimer, cela ne pourroit-il point me brouiller avec Messieurs de l'Académie des belles-lettres? Elle contient cependant des choses dont le public pourroit profiter. Je suis fort incertain. J'ai une collection de dissertations à faire imprimer. Je ne sçay si je l'y joindray. Votre autorité, Monsieur, m'y détermineroit.

J'ay vu un 2ᵉ volume de M. Dunod, affiché dans Paris, mais personne ne l'a encore pu me montrer.

L'édition des Historiens de France, de Duchêne, est en bon train. J'ay vu les feuilles de la Notice des Gaules, où j'ay trouvé en note l'autorité de M. Dunod, déjà citée pour *Portus Bucini*. L'auteur est dom Martin Bouquet.

Vous verrez, Monsieur, cet été, dans le *Mercure*, un écrit de M. Letors (1), lieutenant-criminel au bailliage d'Avallon, touchant les anciens chemins romains des environs d'Avallon, qui m'a paru fort curieux. A cette occasion, j'aurai l'honneur de vous proposer ma pensée sur ces chemins ou chaussées. J'en ai tenu plusieurs dans la Picardie : on les y appelle *Chaussées de Brunehauld*. Je ne puis croire que Brunehauld, la reine, y ait aucun rapport. Comme *Boin* signifie, en quelques endroits de Picardie, un amas de *pierres*, je croirois que ce mot compose la première syllabe, et que *Boineaux* en seroit le diminutif, que l'on a voulu dire vulgairement un chemin composé de petites pierres ou cailloux, une chaussée de *Boineaux* ou *Bohineaux*, et que les notaires ont cru lire *Bruneaut*, d'où l'on a forgé l'idée de regarder la reine du ·vi ᵉ siècle comme réparatrice de ces chemins. Il me semble qu'elle a eu autre chose à faire, et que si elle avoit fait ce qu'on lui attribue, nos historiens en auroient dit un petit mot. En Champagne et ailleurs, on dit le *chemin ferré* ou le chemin perré. Comme j'ay une observation importante à publier contre un endroit des voyes romaines, où le P. Mabillon m'a paru se tromper dans sa *Diplomatique* (c'est sur *Vernum palatium*, où il prend mal le sens de l'Itinéraire), je me propose de discuter les distances de *Curmiliaca, Cæsaromagus, Litanobriga, Augustomagus*. J'ay tenu la chaussée exprès de ce côté-là. Entre plusieurs exemples de méprises que les notaires introduisent chaque jour, je vous en citeray une d'Auxerre, où l'on dit la *Court des Vents*, parce que les anciens actes mettoient la *Court des Véens* (2), c'est-à-dire des vicomtes ; nos notaires nous veulent faire accroire que ce canton de la ville est plus exposé aux vents que le reste. Plusieurs aussi conduisent par leur mauvaise ortographe à dire dans la suitte la *forest de Note*, au lieu que le vray nom est la *forest d'Ote* (*Utta*, dont parle Nithard ; elle est entre Joigny, Sens et Troyes). Nos ignorans de notaires, au lieu d'écrire *Bussi-en-Ote, Aie-en-Ote*, mettent *Bussi-en-Note, Aix-en-Note*.

---

(1) Letors, avocat à Avallon, s'est beaucoup occupé des antiquités locales de son pays, en même temps que Bocquillot, son compatriote et son ami. Outre ces mémoires sur les chemins romains, on lui doit une dissertation sur Vellaunodunum, insérée au *Mercure de France*, un travail sur la Ligue à Avallon, et principalement le volume sur *la Vie et les Lettres de Bocquillot*, in-12 de 503 p. sans les tables, publié sans nom d'auteur, les *Lettres de Lebeuf* donnant l'extrait d'une partie de sa correspondance.

(2) La *Court des Véens* était le courtil ou jardin des vicomtes. Il était situé au-dessous du château des comtes.

XXX.
L'ABBÉ LEBEUF AU PRÉSIDENT BOUHIER.

A Paris, ce 8 mai 1738.

Monsieur,

J'ai remis, il y a quelque temps, à M. Martin du palais, un exemplaire de mon nouveau *Recueil* (1), que j'ay l'honneur de vous présenter. Comme son épouse m'a assuré que ce petit pacquet étoit en route, je prends la liberté de vous écrire pour vous prier de l'accepter. Je souhaite que vous n'y trouviez rien qui ne mérite votre approbation. Je vous supplie de me marquer, lorsque vous l'aurez parcouru, ce que vous y trouveriez à redire. Vous verrez par ma *Dissertation sur l'état des sciences* que je me serois servi utilement de vos manuscrits, si j'avois été à portée de le faire. Je croy que vous en avez de très précieux. C'est dommage que nous ne puissions au moins jouir du catalogue.

Quelques antiquaires, et entre autres mon censeur, ne m'ont pas parus être convaincus de la découverte du R. P. Oudin sur l'*Ascia* (2). Je croy que quoiqu'il y ait déjà bien des sentimens sur ce mot, on peut encore en trouver d'autres ou inventer de nouvelles explications. Il me semble, Monsieur, que vous nous en aviez promis une.

Connoît-on à Dijon les antiquités qui furent trouvées à Langres, en 1673, proche les Carmes ? Je tombai dernièrement sur un cahier de la Bibliothèque du Roy, où l'on voit un sépulcre de deux payens, dont les squelettes étoient à côté l'un de l'autre, avec les lettres D....... M, et au milieu le mot SACROBAR.... Si *Sacrobarum* signifioit sacrilége, seroit-ce des profanateurs des dieux romains qu'on auroit là inhumez ? Cela m'a fait ressouvenir d'une ancienne inscription trouvée autrefois à Entrains, très ancienne petite ville du diocèse d'Auxerre (*Interamnes*), où on lisoit : VLBIVS ou VIBVV HIC VIVVS EFFOSSVS EST QVIA PRAEDICAVIT. Je n'ay jamais vu cette inscription, et elle ne subsiste plus, mais des gens dignes de foy ont marqué l'avoir vue. C'est d'ailleurs un pays à médailles, et le feu P. Chamillard (3) en a eu une fois un grand pot de grand bronze. Je doute un peu de la génuinité de cette inscription, à cause du *quia* ; je vous prie de me dire votre sentiment. Au sortir de Soissons, où j'étois à Quasimodo, j'ay passé dans un village situé sur la route de Chauni, où j'ay trouvé deux colonnes milliaires jusqu'ici inconnues. L'une est dans la rue, l'autre dans le cimetière : l'ancienne chaussée qui alloit à Condrain, *Contraginnum*, n'en est qu'à un bon quart de lieue. Elles sont fort effa-

---

(1) *Recueil de divers écrits pour servir d'éclaircissement à l'histoire de France.* Paris, 1738, 2 vol. in-12.

(2) Cette dissertation de P. Oudin a paru dans le *Journal de Trévoux*.

(3) Etienne Chamillard, de la société de Jésus, né à Bourges, le 11 novembre 1656, étoit décédé le 10 juillet 1730. Le *Journal de Trévoux* contient un grand nombre de dissertations de ce savant antiquaire.

cées, néanmoins on y lit distinctement le nom de l'empereur Sévère. Ainsi c'est de quoy ajouter un mot à Bergier, lorsqu'il se contente de dire que cet empereur fit rétablir les chemins dans l'Italie, l'Espagne et la Germanie. Sûrement il fit travailler à cette chaussée, qui est parallèle à une autre, éloignée d'environ trois lieues, que je croy de cent ans plus ancienne, et qui est aussi une fois plus large. Je ne veux point parler de cette découverte dans aucun écrit public, que je n'aye engagé le seigneur du lieu à tirer ces colonnes et à les mettre en sûreté dans son château, comme on a fait à Vic-sur-Aisne ; je sçay que les Anglois sont fort friands de ces morceaux, et qu'ils ne se font pas de peine d'enlever de nuit les antiquitez qu'ils peuvent.

Auriez-vous, Monsieur, un Mathieu Paris manuscrit ; il est rare en France. Au moins, si vous ne l'avez pas, je vous supplie de me dire votre sentiment touchant l'endroit de son histoire où il parle des meurtres que la secte des Pastoureaux fit à Orléans, en 1251. Il y dit que le peuple de cette ville, ayant laissé faire main-basse sur le clergé, mérita pour cela l'épithète de *Caninus*. Je croy qu'il y a là une faute, et qu'il peut y avoir eu *Cupinus* ou *Gupinus*, forgé sur le vulgaire Coupin, qui signifioit autrefois un lâche et un indolent, un trembleur. Peut-être est-ce la véritable origine du nom de *Guépins* qu'on donne aux Orléanois. Goupin signifie la même chose que *Vulpecula*, injure défendue dans la loy salique, tit. 32.

Quoique ma lettre soit déjà trop longue, je joindrai encore ici, Monsieur, un petit mot sur les mottes sépulcrales, dont parle M. Spon dans ses *Recherches curieuses*, page 279. Si vous connoissez de votre côté quelques-unes de ces éminences, vous me ferez le plaisir de me le marquer. J'en connois trois ou quatre vers Noyon et vers Saint-Quentin. Il y en a aussi vers Loches en Touraine.

J'ay lu Keisler, sur les antiquités septentrionales, où il y a un mot de ces éminences.

XXXI.

A LA SUITE DE LA LETTRE PRÉCÉDENTE (DE LA MAIN DU PRÉSIDENT BOUHIER).

« EXTRAIT de la réponse que j'ay faite
« le 18 mai 1738 à une lettre de M. l'abbé
« Lebeuf, du 8 de ce mois. »

Je n'ai point de manuscrits de Mathieu Paris. A l'égard du passage de cet auteur, dont vous me parlez, Adrien de Valois a cru, comme vous, qu'il étoit corrompu. Mais n'avez-vous pas bien ri de lui voir conjecturer que *canini* étoit pour *cavini* ou *capini*, qu'il dérive de Genapini.

Je ne connois point le mot de Goupin dont vous me parlez, et ne l'ai vu dans aucun glossaire, non plus que celui de *Cupinus* ou *Gupinus*. Le mot qui répondoit au *Vulpecula* de la loi salique, c'est *Goupil*, qui, dans notre ancienne langue, signifioit renard. Mais tout cela ne convenoit pas à la raison qui, suivant Math. Paris, fit donner aux Orléanois le sobriquet dont il s'agit. Voici quelle seroit sur cela ma conjecture.

Peu de mois avant le massacre des ecclésiastiques d'Orléans, fait par les Pastoureaux, il y avoit eu, dans la Basse-Allemagne, une secte d'hérétiques qui fut détruite par le fer, en 1234, et à qui on avoit donné le nom de *Canini*, au rapport de Mathieu de Westminster, en sa chronique sur cette année. Leur cruauté, et surtout à l'égard des ecclésiastiques, les avoit apparemment fait appeler ainsi. Or, le souvenir récent de cet événement fit sans doute donner le même nom aux Orléanois, qui avoient favorisé une secte à peu près pareille. Car vous sçavez que le but des Pastoureaux tendoit à abolir en quelque manière l'autorité ecclésiastique. Par ce moyen, il n'y aura rien à changer au texte de Mathieu Paris, lequel parle aussi des hérétiques de 1239, qu'il dit estre de la secte des Albigeois, mais sans leur donner de sobriquet.

Je ne vous parle pas de la ridicule explication de Le Maire en ses *Antiquitez d'Orléans*, ch. 19, où il estime qu'on appelloit les Orléanois chiens, *ob sagacem fidelitatem*.

XXXII.
L'ABBÉ LEBEUF AU PRÉSIDENT BOUHIER (1).

Paris, ce 23 juin 1738.

Monsieur,

J'ay été entièrement remis de l'inquiétude où j'étois sur mon paquet, par la lettre dont vous m'avez honoré par une personne que je n'ay point vue, et dont la confirmation est venue le surlendemain par une 2ᵉ lettre de votre part. Je vous prie, Monsieur, de lire, sans craindre de me trouver en faute, mes deux volumes (2). Je sçay bien qu'il y a des fautes d'impression en assez grand nombre ; je n'ai pas voulu les faire paroître, de crainte de rebuter les acheteurs ; il y en a aussi de style qu'il faut m'imputer, car j'ai toujours quelques tours de mon pays dont je n'ai pu me défaire. Vous n'y verrez, au reste, rien que de neuf, excepté la dissertation sur Latofao (3) et Mafolao, qui avoit déjà été dans le *Mercure*, laquelle pour cette raison je n'ai pas enregistré dans le catalogue qui est à la fin du 2ᵉ volume. M. le comte de Chastellux (4), 1ᵉʳ chanoine d'Auxerre, maintenant lieute-

---

(1) Certaines parties de cette lettre sont reproduites dans les *Lettres de l'Abbé Lebeuf*, t. II, p. 236, nᵒ 256, à l'adresse de Fenel.

(2) *Recueil de divers écrits sur l'histoire de France*, 1738, in-8º.

(3) *Recueil de divers écrits*, t. I, p. 38 et suiv. Lebeuf prouve que Latofao est Liffol, canton de Neufchâteau (Vosges).

(4) Guillaume-Antoine, comte de Chastellux, né le 20 octobre 1683, mort à Perpignan, le 12 avril 1742, s'occupait activement de recherches historiques, et avait réuni sur sa famille tous les documents qu'il avait pu découvrir, et qui sont conservés au château de Chastellux dans un gros registre intitulé : *Registre noir*. — Ces documents ont été utilisés par M. le comte de Chastellux actuel dans son *Histoire généalogique de la maison de Chastellux*. Le fonds de Saint-Cyr, aux archives de Seine-et-

nant-général des armées du Roy, m'a fort félicité sur la réforme que j'ai faite à l'explication qu'on a donnée à César au sujet du siège de Paris et de *Metiosedum*. Il prétend seulement que je n'en ai pas assez dit, et qu'il faut se désister de la pensée que Brenus ait remonté jusqu'au lieu où est Melun, pour passer la Seine. S'il a raison, comme je commence à le croire, il se trouvera que Scaliger a bien auguré quand il a mis *Metiosedum* (1) partout, j'ay vu un manuscrit du xiie siècle où le nom de *Melodunum* n'est pas du tout. Je l'ai cité en son rang. Mais si je veux suivre cette pensée, et faire passer la Seine, à Labienus, du rivage gauche au rivage droit, à 5 ou 6 mille de Lutèce, où pourroit être *Metiosedum*, il faut que j'en vienne à dire que l'*id est oppidum Senonum in insula Sequanæ positum* est une glose qui a passé de la marge ou de l'entre-ligne dans le texte. Si nous avons un César des viiie ou ixe siècle, peut-être seroit-il sans cette glose, que je soupçonne être sortie de la plume de quelque moine commentateur de la fin du ixe siècle ou du xe. Un homme de guerre tel que M. de Chastellux voit mieux que moy comment Labienus a pu s'y prendre. Le *silentio* dont il usa pour remonter nous paroît être dans le même dessein que celui dont il se servit pour repasser au-dessous de Lutèce. Je pourrai donc donner là dessus une 2e dissertation, mais j'ai besoin, Monsieur, que vous m'aidiez sur la leçon d'un manuscrit que Duchesne dit être à Dijon. C'est celui de la chronique de Frodoard. Voyez, t, 2, Hist. Fr., p. 622-623. Le mot, que je suis bien aise de vérifier, est à la page 192. Frodoard y parle d'une église de Saint-Pierre, voisine de Paris, située dans un lieu dit *Gesedis* ; le manuscrit de Dijon met *Iesedis*, je croy, pour *Iosedis*, car je pense que c'est le nom de Josedum (2) différemment écrit. Je vous supplie de voir si le manuscrit de Frodoard de Dijon, il est probablement chez vous, a *Josedis*. Il est fâcheux que cet auteur soit si rare, car il n'est pas icy, ny à la Bibliothèque du Roy, ny ailleurs en manuscrit. Mais il est deux fois au Vatican. Je n'ay pas regardé s'il se trouve en Angleterre. La mort de M. de Targny m'empêche de sçavoir d'où il auroit tiré ses variantes. Il devoit, dit le P. Lelong, en donner une nouvelle édition. Je soupçonne que *Josedum* étoit toute la montagne qui commence au sortir de Paris et va jusqu'à Juvisy, laquelle a donné le nom de l'archidiaconé de Josay. J'irai à la découverte de l'église de Saint-Pierre pour trouver mon *Josedum* ou *Iosedum*, c'est le seul moyen d'éclaircir César.

Si l'on veut bien me prêter le manuscrit où sont les inscriptions de Langres, je figureray de mon mieux les lettres, mais je ne m'engage pas pour les figures, n'ayant pas le talent de dessiner.

Oise, renferme encore sur le maréchal de Chastellux nombre de pièces qui pourraient être consultées.

(1) Sur *Metiosedum*, voir une dissertation de Lebeuf, dans le *Recueil sur divers écrits*, t. II, p. 142.

(2) Dans la dissertation précitée, Lebeuf prouve que *Josedum* a formé le nom de Josay, forteresse sise sur le bord de la Seine, et qui a donné son nom au canton dit le pays de *Josas*.

Je vous suis très obligé, Monsieur, de ce que vous m'apprenez sur Mathieu Paris et le mot *Canini*, et je vous remercie de tout mon cœur de l'éloge de feu M. Papillon(1), que j'ay lu avec plaisir pour me consoler sur sa mort. M. Joly sera encore un nouvel auteur à ajouter au catalogue des écrivains de Bourgogne.

J'ai parlé au sieur Briasson, qui doit faire parottre, au mois d'août, les deux volumes du catalogue de manuscrits du P. de Montfaucon; il est tout disposé à imprimer le vôtre dans un supplément ou IIIe tome. Ainsi, Monsieur, ayez la bonté de faire une copie. Je me suis offert à corriger les épreuves de ce catalogue, seulement si vous me l'envoyez, car je compte rester à Paris, si l'on ne me dessert point. J'ay vu par votre seconde lettre que vous voulez bien consentir à m'y arrêter. J'ay fait sans doute ces présens à ces deux messieurs. Ils m'ont promis de parler, mais pour les engager à faire des instances, il est bon que d'autres leur en fassent, sans que cela paroisse mendier. Je ne vous demande, Monsieur, qu'un mot que vous fassiez dire par quelqu'un ou que vous marquez vous-même si vous en avez l'occasion, mais non d'écrire exprès. Mon évêque ne voudroit pas que je quittasse son diocèse; il le fait par amitié pour moy, mais je lui suis fort obligé de me retenir en province sans livres ni sans émule. Je lui fis dire, et à quelques autres riches de notre clergé, d'acheter, par exemple, *Bollandus*, qui manque à Auxerre, et qu'on auroit à bon marché à la vente de la bibliothèque de M. de Targny. Ils ont tous saigné du nez. Je ferai valoir cet exemple-là en temps et lieu.

Il me sembloit avoir ouï-dire qu'on préparoit à Clervaux un catalogue raisonné des manuscrits. Quelqu'un de cette maison a donné depuis peu de nouveaux ouvrages.

Un sçavant, qui travaille icy sur les comtes de Troyes, croit que vous avez quelque chose là-dessus. Il vous prieroit de l'aider, si faire se peut, en lui faisant indiquer ce que vous pouvez avoir. C'est un nommé M. Lévêque (2), natif de Troyes. C'est à luy que j'adresse ma lettre sur la vie de saint Loup.

M. Maillard vous assure de ses respects. La 2e édition de sa coutume d'Artois se continue.

XXXIII.

L'ABBÉ LEBEUF AU PRÉSIDENT BOUHIER.

A Paris, ce 1er octobre 1738.

Monsieur,

J'ai l'honneur de vous envoyer la réponse que M. Maillard a fait aux

---

(1) L'abbé Papillon, qui depuis plus de vingt ans travaillait à son ouvrage : *Bibliothèque des auteurs de Bourgogne*, était décédé récemment. L'abbé Joly se chargea de la publication de ce livre, et mit en tête l'éloge et le portrait de l'auteur.

(2) Levesque de Ravalière, né le 10 janvier 1697, mort le 4 février 1762, n'était encore qu'au début de sa carrière de savant. Il a fait depuis de

questions qui le regardoient dans la lettre dont vous m'avez honoré. Il m'a aussi remis un exemplaire du petit discours qu'il a prononcé en quittant sa charge de bâtonnier, le 9 may ; mais comme il ne se dit pas des premiers déclamateurs de ce monde, il m'a dit de ne vous l'envoyer que lorsqu'il se présentera d'autres ouvrages à vous faire tenir.

Je n'ai pu emprunter le manuscrit des inscriptions langroises. Si je l'avois à ma disposition, peut-être le ferois-je dessiner et même graver ; mais voicy ce que j'en ai tiré à la hâte, à la Bibliothèque du Roy :

Fabiæ fortunatæ Altius Tuticanus a Tribunav Leg. II. Aug. conjug. unus exempti.

AUTRE.

D　　　　　　　　　　　M
　　ISVF...... FLAV
　　　MERCVR
　　　NALIB
　　　P.. C..

D　　　M
EBROTIANVS
LIBERTVS

D　　　M
VINDICILLA
P.　C

D　　　M
FELIX
TAVRIN
FC ꝑ R
FR. P.

UN TOMBEAU.

ÆMIL　　　　　　　　　IVCVNDAE
CLF　　　PLACE　　　　ER ET
FAM　　　du　　　　　　TER
P　　SQUELETTE.　　　　C
D　　　　　　　　　　　　M

nombreux travaux et principalement une Histoire des comtes de Champagne, inédite, pour laquelle on peut voir l'*Histoire des comtes de Champagne*, par M. d'Arbois de Jubainville, t. I, introduction.

TOMBEAU A DEUX SÉPULTURES.

D	SACBoBARII	M	
D		M	
CRIRICI	LIBE	ANN	
VICTOR	DOMI	P. C.	

Comme il paroit depuis, par une dissertation imprimée à Poitiers, d'un jésuite de Poitiers (1), sur les tombeaux de Civaux (2) en Poitou, je ne serois pas fâché de profiter de l'occasion pour écrire aussi sur cette matière et sur la bataille de Voclade, touchant laquelle il veut qu'on n'assure rien. Ce jésuite m'a paru bien mal fourni de livres concernant la géographie françoise, n'ayant pas seulement la notice de M. de Valois. Il ne dit mot de la dissertation sur les tombeaux de Quarrée-les-Tombes, proche Avallon, que j'ay donnée en 1727, dans la *Continuation des Mémoires de littérature* du P. Desmoletz, t. 3, p. 1, ny ne rappelle ce que j'y ai dit de son Civaux. Sans doute que tout cela lui a été inconnu. Sa méthode est selon le style des géomètres, et son françois est des plus fleuris : ce qui paroît à plusieurs trop recherché pour cette matière.

XXXIV.
L'ABBÉ LEBEUF AU PRÉSIDENT BOUHIER.

A Paris, ce 26 février 1739.

Monsieur,

Je n'ai pas manqué, en considération de la lettre dont vous m'honorâtes il y a quelque temps, de porter à M. de la Roque, le chevalier, les observations que vous y aviez jointes. Je les ai tellement recommandées, sans cependant nommer personne, qu'elles sont imprimées dans le *Mercure* de janvier. On n'a pas pu aller plus vite. Son frère aîné, qui est l'antiquaire, a été malade, et l'est ordinairement de deux mois l'un, étant fort âgé, mais il se porte mieux ; je lui ai fait vos complimens, aussi bien qu'à M. Maillard, et tous les deux vous assurent de leurs respects.

Je vous suis très redevable, Monsieur, de tout ce qu'il vous a plu

---

(1) Le P. Bernard Routh.

(2) Ces tombeaux sont à six lieues de Poitiers, dans une vaste plaine de six mille cent quarante-deux mètres carrés. La plupart sont à fleur de terre et ont été primitivement posés simplement sur le sol ; d'autres se sont enfoncés par la suite des temps. L'enceinte du cimetière qu'ils occupent a été entourée d'une muraille de pierres plates servant de couvercle à ces tombeaux. Leur forme est la même que celle des tombeaux de Quarré-les-Tombes et de Sarry. La taille en est assez brute et sans goût. Lorsqu'on les ouvrit, en 1737, le P. Bernard Routh écrivit un volume de recherches qui parut en 1738. La carrière d'où furent tirés tous ces tombeaux est située à un kilomètre au-delà de la Vienne.

d'écrire en ma faveur à M. le président de Mazaugues (1); j'espère toujours attraper quelque chose, mais cela est bien long à venir.

Il y a encore quelques feuilles pour achever la réimpression de la coutume d'Artois in-folio ; le retard vient de l'imprimeur.

On songe, Monsieur, sérieusement à engager le sieur Briasson de me charger de la conduite du supplément du *Bibliotheca Bibliothecarum* (2), et il ne s'en éloigne pas. Mais pour bien faire, il faudroit que j'eusse la copie de votre catalogue, afin de le mettre à la tête : cela l'obligeroit à m'aider pour la dépense qui sera nécessaire à l'égard des catalogues, ou à faire à neuf ou à copier. Pendant cette édition, il pourra vaquer quelque chose qui me conviendra. Je vous supplie donc, Monsieur, de vouloir bien faire faire cette copie, laquelle je ne livrerai au sieur Briasson qu'aux conditions que vous me marquerez ; et lorsque j'aurai vu un cahier de votre plan, je m'y réglerai pour faire les autres de même ; car le public souhaite qu'on marque l'âge de l'écriture de chaque ouvrage, ce que n'a fait dom Bernard. Il y a icy les catalogues de Sorbonne, de Navarre, des Jésuites, des Cordeliers, de Sainte-Geneviève, de Notre-Dame, des Feuillans, de Saint-Martin-des-Champs, non encore donnés ; celui de

---

(1) Henri Joseph de Mazaugues, président au Parlement de Provence, né en 1684, décédé en 1743, était un érudit qui entretint une correspondance avec le président Bouhier, correspondance qui est conservée dans les papiers de ce dernier et dont nous croyons que la publicité serait intéressante.

(2) Lebeuf parle ici du catalogue des manuscrits de la bibliothèque royale publié par Montfaucon, en 1739.

La passion de Lebeuf pour les manuscrits se révèle dans plusieurs endroits de sa correspondance et de ses œuvres. Déjà dans les *Mercures* de décembre 1724 et de juin 1725, il avait écrit des lettres annonçant la publication d'un catalogue général des manuscrits de France. Il était à la piste de toutes les œuvres de ce genre faites ou à faire. (Lettre du 23 juin 1738).

Le projet de continuer la *Bibliotheca Bibliothecarum* du P. Montfaucon qu'il embrassait avec ardeur n'eut pas de suite, soit par le refus du libraire Briasson, soit pour toute autre cause. Il a fallu arriver jusqu'à nos jours pour que ce grand travail fût entrepris en 1841 pour les bibliothèques des départements, sous les auspices du ministre de l'instruction publique, et encore n'y a-t-il de publiés depuis 1849 que 6 volumes in-4° de la *Collection des documents inédits sur l'Histoire de France*, et qui comprennent seulement les manuscrits de 15 villes ou bibliothèques d'établissements publics.

Quant au Catalogue des manuscrits de la Bibliothèque nationale, qui avait été imprimé de 1739 à 1744, en 4 vol. in-f°, et dont les tomes 3 et 4 comprennent les manuscrits classés sous les n°s 1 à 8822, la publication interrompue n'a été reprise qu'en 1863 par le savant directeur de la Bibliothèque nationale, M. Léopold Delisle, et continuée jusqu'en 1871, depuis le n° 8823 jusqu'au n° 16618.

Saint-Victor a été donné, celui de M. le Chancelier, le Procureur général, etc...

On pourra encore me fournir le catalogue de ceux de l'église de Sens, Saint-Marien d'Auxerre, Pontigny, etc., Chaalis, diocèse de Senlis.

XXXV.

L'ABBÉ LEBEUF AU PRÉSIDENT BOUHIER.

Ce 9 décembre 1742.

Monsieur,

L'honneur que j'ai reçu, par votre lettre du mois de novembre dernier, me rend honteux et presque inexcusable d'avoir tant tardé à vous en remercier, comme aussi du présent que vous avez eu la bonté de me faire de votre dernier écrit sur quelques antiquitez (1), lequel j'ai lu avec bien du plaisir, et dans lequel j'ai beaucoup appris.

La distribution du second exemplaire m'a été impossible, vu que depuis plusieurs mois M. Maillard (2) est devenu invisible pour une cause dont le bruit public vous aura à la fin informé. Ainsi je n'ai pu lui parler ni lui faire faire vos complimens. On espère que, par la suite, il pourra se représenter en personne, mais on craint que le nombre de ses amis ne soit plus si grand. Dès le moment que je le sçaurai, je lui ferai tenir votre écrit. Il m'a paru que M. de la Roque a été également embarrassé pour en faire tenir un à M. Genebvrier (3). Ce dernier est aussi caché, mais avec moins d'espérance d'en revenir, car la teste lui a tourné à l'occasion d'un voyage qu'il a fait en Angleterre, dont il n'a pas lieu d'être content. J'ai passé quelquefois chez la femme où il est, mais il ne veut voir personne, et la garde dit qu'il est sans raison.

Je suis réjoui d'apprendre le succès de la *Bibliothèque* de M. Papillon.

---

(1) *Dissertation sur le grand Pontificat des Empereurs romains*, avec une lettre sur le même sujet et sur quelques autres, concernant les antiquités romaines, *Dijon, A.-J.-B Augé*, 1742, in-4°. Une partie de ce travail avait déjà été publiée en 1736 dans les *Mémoires de l'Académie des Inscriptions*.

(2) Ces détails sur l'avocat Maillard, qui est souvent cité dans ces lettres et qui était en relations fréquentes avec Lebeuf, paraissent ici pour la première fois ; mais nous ne connaissons pas les évènements auxquels Lebeuf fait ici allusion, ainsi que dans une autre lettre à Bouhier, du 16 avril 1743. V. Corresp., t. II, p. 414.

(3) Génébrier était un médecin qui s'occupa de numismatique et publia, en 1740, un livre sur *Carausius*, empereur de la Grande-Bretagne, in-4°. Voir les *Lettres de Lebeuf*, t. I, p. 354-355, t. II, p. 400, où Lebeuf donne aussi des détails sur ce savant devenu fou ; la *Biographie Didot* donne la liste de ses ouvrages.

Si on la réimprimoit, il faudroit tâcher de la réduire en in-4°, en caractères de *cicéro*, et on en débiteroit encore, le prix étant diminué de plus de moitié. Mais en ce cas, il en faudroit corriger les fautes. Si votre libraire étoit homme d'entreprise, je croy qu'il pourroit faire un second in-4° du catalogue de vos manuscrits. Cela se vendroit aussi si l'on étoit sûr que cette prétieuse collection de vos ancêtres et de vous, Monsieur, dût rester toujours au même lieu, ou au moins dans le royaume. Quelle perte, par exemple, pour la France, d'avoir laissé aller à Rome les manuscrits qui venoient de Saint-Benoît-sur-Loire !

Un cardinal italien (1), amateur d'antiquitez, va faire publier tout ce qu'il aura pu trouver de dyptiques anciennes. Il nous en a indiqué de Boëce, qui sont dans le *Journal d'Italie*. Boëce y est deux fois en habit consulaire avec cette inscription :

NAR MANL BOETHIVS VI. NL. EXPPPVS ECCONS ORD ET PATR.

Il n'y a aucuns points ni vuides, toutes les lettres se touchent.

Ce NAR est ce qui fait le plus de difficulté. Quelqu'un croit que *Expppvsec* pourroit signifier *ex propræfectus provinciæ Vienn. secundæ*. Mais la difficulté est de sçavoir s'il y a eu plus d'une Viennoise. M. de Valois raille fort Scaliger là-dessus.

NAR peut signifier *novo anno redeunte*. On a dit aussi *Narus* pour *Gnarus*, mais on n'a pas d'exemple d'une loy semblable ; encore passe si c'étoit au datif *naro man·io Boethio*, etc.

XXXVI.

(Brouillon autographe d'une réponse du président Bouhier contenant l'explication d'un diptyque de Boëce, découvert depuis peu, 4 pages. C'est une réponse au mémoire dont il est fait mention dans la lettre précédente).

XXXVII.

L'ABBÉ LEBEUF AU PRÉSIDENT BOUHIER.

A Paris, ce 4 mars 1743.

Monsieur,

Ce ne sont point les maladies qui commencent à régner icy qui m'ont empêché de me rendre à mon devoir, mais parce qu'au retour de l'Académie, où j'avois porté à quelques-uns de nos messieurs votre Mémoire, au lieu de le mettre dans le rang des lettres auxquelles je devois réponse, je l'avois laissé dans un livre où, par bonheur, je viens de le retrouver (2).

---

(1) Le cardinal Quirini, dont il est question dans la lettre XXXVII et au sujet duquel on peut consulter la note.

(2) Il s'agit sans doute de l'*Explication sur le diptyque* de Boëce dont

Vous m'avez bien fait de l'honneur en m'adressant ce sçavant Mémoire. Je ne doute pas que ce que vous pensez n'eût été bien reçu, s'il fût arrivé un peu plus tôt, et il auroit pu faire naître quelques idées. Quatre ou cinq de nos messieurs que je pris en particulier en ouïrent la lecture et en furent fort contens. Mais comme on craignoit de faire de la peine à M. de Boze, alors secrétaire, dont la réponse étoit partie, on me conseilla de n'en pas parler en public. Ce que j'ai observé.

Ce n'est pas seulement par le manquement d'exemple que NAR a paru à quelques-uns ne pouvoir signifier *novo anno redeunte*, mais parce que le premier et le troisième mot disent la même chose. Cependant, cette conjecture a été envoyée comme d'autres à M. le cardinal Quirini (1). Le terme qualificatif de *Gnarus* ou *Narus* convient à merveille au sçavant Boëce, mais aussi cette épithète seroit-il (sic) à la place au commencement d'une inscription? Encore passe s'il étoit au datif. Ceci n'a pas été mandé. Les exemples que vous tirez de Gruter et Renesius concernant *Præfectus secundo et secundo urbi Præfectus* méritoient d'être citez dans le Mémoire. Mais pourquoy, Monsieur, ne vous possédons-nous pas à Paris? M. Melot, mon voisin à l'Académie, second garde de la Bibliothèque du Roy, sent aussi bien que moy combien nous profiterions de vos lumières. M. l'abbé Sallier est actuellement directeur, en place de M. Fréret, qui est devenu secrétaire perpétuel (2).

Je ne vous marque point, Monsieur, les trois nominations que nous avons faites de correspondants et honoraires. Voicy encore une troisième place d'honoraire, qui vaque par la mort de M. Bignon, survivancier de M. son oncle l'abbé. Vous avez dû voir le nom des trois élus dans les *Nouvelles à la main*.

Nous ne sçavons pas encore à qui le prix sera adjugé pour la dissertation sur l'état des sciences au XIVᵉ siècle. Cela sera connu à la fin du mois.

On assure que M. Maillard (3) recommence à se montrer ; mais je crains fort que ses confrères ne le regardent de mauvais œil. On dit que son bien ne suffit pas pour.....

Il paroît depuis deux jours un 1ᵉʳ tome de l'histoire des illustres dominiquains, forts en science ou en piété, ou par le rang qu'ils ont tenu. C'est de la composition du P. Tourin. Il a entrepris de venger *Jacques de Voragine* et autres.

---

il est question dans la lettre précedente. C'est un des mémoires inédits à ajouter aux œuvres du Président.

(1) Le cardinal Jérôme Quirini, bénédictin, né à Venise le 30 mars 1680, mort le 6 janvier 1755, élu en 1743, académicien honoraire étranger. V. *Mémoires de l'Académie des Inscriptions*. t. XXVII, p. 1761.

(2) Au sujet du dijonnais Melot et de l'abbé Sallier. Voir ailleurs à la table et aux notes. Pour l'académicien Fréret, voir ce qu'en dit Lebeuf dans ses *Lettres*, t. II, p. 407, 480, 489, 532.

(3) Voir les lettres précédentes et notamment la lettre XXXV, au sujet des aventures arrivées à ce savant.

Un grand nombre de sçavans souhaiteroit fort, Monsieur, que vous vinssiez demeurer à Paris, et que vous y fissiez venir vos manuscrits. Ce seroient leurs vœux et les miens. Nous pouvons nous flatter d'avoir le bonheur de vous y voir.

La dissipation qu'on craint très fort de tout ce que M. Thomassin de Mazaugues (1) avoit ramassé à Aix, fait regretter de ce qu'on ne l'a pas arrêté icy durant les deux ou trois ans qu'il y a résidé, ce qui l'auroit engagé à y faire amener toutes ses raretez.

M. le marquis d'Aubais, en Languedoc, est icy pour longtemps, mais il ne se jette pas si fort sur les manuscrits.

M. Melot, Dijonnois, travaille fortement à l'avancement du catalogue de ceux du Roy. Il entrera dans un grand détail; mais l'impression va assez lentement. Les circonstances du temps ne sont guère favorables.

XXXVIII.

L'ABBÉ LEBEUF AU PRÉSIDENT BOUHIER (2).

A Paris, au Collège des Trois-Evêques, dit de
Cambray, ce 19 juillet [1743].

Monsieur,

J'attendois toujours, pour avoir l'honneur de faire réponse à votre dernière lettre, que j'ai reçue il y a bien trois semaines avec une carte qui m'annonçoit que M. l'abbé Bouhier (3) s'étoit donné la peine de me l'apporter; j'attendois, dis-je, toujours que M. de la Roque fût guéri de ses vapeurs. Vous me chargiez de le voir, touchant l'inscription trouvée à Vieux, proche Caen; je lui en aurois parlé inutilement dans la conjoncture de cette maladie périodique, qui le met de mauvaise humeur quand elle le tient. Ce sera pour le retour de sa santé. Du reste, Monsieur, je présume que, comme il fait imprimer un ouvrage sous le titre de *Voyage de Normandie*, il a remis à dire en cet ouvrage tout ce qu'il a ramassé sur l'inscription de *Solemnis*, car il m'en a souvent parlé, et je croy qu'il a été sur les lieux. Je voudrois déjà voir paroître cette brochure, qu'il promet depuis 4 ou 5 ans, cela me feroit espérer que vous donneriez la vôtre ensuite, ou au moins les remarques que vous avez faites sur cette magnifique inscription.

Les affaires de M. Maillard paroissent empirer. On afficha, il y a huit jours, la vente de ses meubles de par nosseigneurs du Parlement, et on les vend, en effet, depuis deux jours. Il ne peut pas se montrer, étant, dit-on, décrété et rayé du tableau, ce que je ne vous mande qu'avec bien de

---

(1) Voir la table et les lettres précédentes au sujet du président de Mazaugues.

(2) Cette lettre fait suite à une lettre du 16 avril 1743, publiée sous le n° 338 des *Lettres de l'Abbé Lebeuf*, t. II, p. 414.

(3) L'abbé Bouhier, frère du Président, fut le premier évêque nommé au siège de Dijon, en 1731.

la sensibilité, car je croy que les livres et les manuscrits auront le même sort que les meubles.

M. Fenel ne fera pas imprimer sa dissertation sur la matière du prix de Soissons, parce que l'Académie de Soissons s'en est chargée ; il y en aura deux, selon les apparences, toutes les deux ayant été couronnées. Le public n'en jouira guère que vers cet automne. A l'égard de celle de l'*Etat des sciences*, qui lui a valu le prix de notre Académie, il la fera imprimer, s'il trouve ici quelque libraire bien intentionné.

Vous me feriez, Monsieur, plus d'honneur que je ne mérite en me confiant ce que vous avez sur le tribun de Rome contemporain de Pétrarque. J'en feray l'usage que vous exigeriez de moy, quoique cela pût être mieux en d'autres mains.

Je tâche à m'occuper toujours. Il y a bien des desseins commencez, mais je ne trouve pas encore assez de temps pour finir deux tomes in-4º de Mémoires sur l'histoire ecclésiastique et civile d'Auxerre (qui) paroîtront sur la fin de juillet. Après quoy je finirai ma notice du diocèse de Paris. On m'envoie quelquefois de province des histoires particulières à retoucher. Mais je ne puis suffire à tout.

NOTE

SUR LES TOMBEAUX DE QUARRÉ-LES-TOMBES ET DE SARRY.

Il est souvent question, dans ces lettres de Lebeuf, des tombeaux de Quarré-les-Tombes. La même question reparaît dans plusieurs des lettres de Bocquillot au président Bouhier, que nous publions dans l'*Annuaire de l'Yonne* de cette année. La préoccupation des savants à ce sujet a donné lieu à de nombreuses dissertations, qui ont trouvé place dans des recueils divers (1).

De toutes les discussions et de toutes les conjectures émises par ces érudits, il n'en ressort pour nous qu'un fait rationel et à peu près incontestable, c'est qu'à l'époque mérovingienne et carlovingienne, Quarré-les-Tombes était un entrepôt de tombes, qui avait

---

(1) Bocquillot, *Dissertation*.... Lyon, 1724 et 1726. — Lebeuf, *Journal de Verdun*, juillet, 1724. — *Journal des savants*, novembre 1725. — *Mercure de France*, février 1725. — Courtepée, *Description historique de la Bourgogne*. — Moreau de Mautour, *Mémoires de l'Acad. de Dijon*. — Piganiol de la Force. — Le P. Niceron, t. VIII, p. 407. — *Abrégé de l'histoire ecclésiastique*, de Racine, t. XII, p. 440, in-12' — Thomassin, *Dissertat. sur les antiquités de Bourgogne*, Dijon, 1725. — Moréri. — Lamartinière, *Encyclopédie méthodique*. — D'Expilly, *Mémoires de l'Académie des Inscriptions*. — Th. Tarbé, *Recherches sur le département de l'Yonne*, p. 30. — L'abbé Henry, *Bulletin de la Société d'Études d'Avallon*, t. II, p. 59-79. — *Lettres de Lebeuf*, t. II, p. 161-167.

son débouché dans le Morvan et une partie de l'Autunois. Les industriels qui avaient monté ce genre de commerce, et qui ont dû se succéder pendant plusieurs siècles, avaient établi le siége de leur exploitation à Champrotard, commune de Coutarnoux, canton de l'Isle, à trois lieues au nord-est d'Avallon. La pierre provenant de cette extraction était presque à fleur de terre et facile à travailler. Son grain assez fin, sa couleur blanche ou grise, et parfois rougeâtre, semée de petits coquillages, la font facilement reconnaître. Aux XII° et XIII° siècles, la carrière de Champrotard fournissait les pierres nécessaires aux grandes constructions de la contrée dans un rayon étendu, et son nom se trouve cité dans plusieurs chartes dans des cessions que font les sires de Montréal aux abbayes de Pontigny et de Reigny.

Les industriels qui se livraient à cette spéculation, ne pouvant espérer un débit de leur marchandise au Champrotard, dont l'accès était difficile et éloigné des grandes voies de communication, établirent un entrepôt à Quarré, sur la grande voie d'Avallon à Autun, d'où on pouvait les diriger facilement sur l'Autunois et dans le Morvan.

Ils songèrent également à se créer des débouchés dans le Langrois, dont le vaste diocèse finissait à une lieue de distance de leur carrière. Un autre entrepôt, dont il est ici question pour la première fois, fut établi à Sarry (canton de Noyers, arrondissement de Tonnerre), à trois lieues de Champrotard, dans la direction opposée à Quarré.

Sarry était à l'intersection de deux voies anciennes, le chemin qui se dirigeait dans le centre du Langrois et gagnait la voie romaine d'Alise à Sens ; et le grand chemin d'Auxerre à Dijon, qui passait par Noyers, Moustier-Saint-Jean, Semur.

. Nous sommes assuré au moins pour ce dernier chemin, que c'était le seul en usage aux XIV° et XV° siècles, par nos *Itinéraires de Philippe-le-Hardi et de Jean-sans-Peur* (1), et que les ducs de Bourgogne y passaient pour se rendre à Auxerre.

Si les érudits que nous venons de citer avaient eu occasion de passer à Sarry le siècle dernier, la vue de tombeaux en pierres, dont on faisait usage dans toutes les maisons, eût attiré leur attention, et cette coïncidence n'eût pas manqué de les frapper. Il en reste encore aujourd'hui un certain nombre, dont les particuliers font usage. Demandez aux habitants la provenance de ces tombeaux, tous vous diront que la pierre a été tirée de la carrière de

(1) Ouvrage encore inédit, mais dont le *Comité des travaux historiques* a voté l'impression dans les *Documents inédits de l'Histoire de France*.

Champrotard. Aucun d'eux cependant n'a lu les dissertations historiques que nous avons rappelées.

Ces tombeaux sont identiquement les mêmes que ceux de Quarré. C'est la même pierre, la même forme, la même rusticité de taille et la même origine de fabrique. J'engagerai la *Société des sciences historiques et naturelles de l'Yonne* à en faire déposer un dans le musée lapidaire de la ville d'Auxerre, au moins comme souvenir, car on en a beaucoup brisé depuis des siècles, le nombre en a diminué, et les débris ont servi à pierrer les routes. Dans un siècle, il ne restera que ceux qui sont conservés en terre.

On en trouve une grande quantité enfouis dans le cimetière, dont l'étendue est relativement trop considérable pour la population actuelle. Dans la partie nord de ce cimetière, qui n'a pas été remuée, les tombeaux sont, à une petite profondeur, juxtaposés et munis de leur couvercle convexe, comme ceux de Quarré. On en a trouvé également à l'est de l'église et jusques dans le presbytère. Le mur de clôture, qui a été fait ces années dernières sur la rue, repose sur onze de ces tombeaux. Un climat, situé à l'ouest du village, en renferme un grand nombre. Au lieu dit en *Martroy* ou *Maltray* (1), à deux cent cinquante mètres de l'église environ et à cinquante mètres des anciens fossés du village, un monticule assez prolongé est formé de la juxtaposition de ces tombeaux. J'en ai examiné un ces jours derniers, que l'on venait de mettre à jour ; il contenait deux corps d'une époque beaucoup plus récente que celle de la fabrication des tombeaux. Quelques-uns étaient vides, d'autres contenaient un ou deux corps ; une ou deux pierres brutes dressées à la tête de chacun des sarcophages, à l'époque de l'inhumation, étaient destinées à indiquer le nombre de défunts que contenait chacun d'eux. Dans cet endroit, au *Maltrait*, je n'ai pas vu de couvercles anciens : ils sont remplacés par de grosses pierres non travaillées qui bouchent l'ouverture des tombeaux.

Ce champ de sépulture, à l'extérieur du village et à quelque distance du cimetière, ne s'expliquerait pas, si l'on ne songeait à ces fléaux épidémiques qui rongeaient si souvent les villes et les villages à l'époque féodale et même dans les derniers siècles, et qui revenaient, à des périodes rapprochées, décimer les populations. L'affreuse misère qui pesait sur les classes agricoles, les logements insalubres, la malpropreté, une nourriture malsaine et insuffisante, un état général dont nos générations actuelles ne peuvent se faire une idée exacte, ramenait à de courts intervalles

---

(1) Maltray, Maltratot, Maltrait peut avoir sa signification ancienne *male tractatus*.

cette terrible maladie qui reparaît si fréquemment dans nos annales : la peste! (1).

Alors on entassait les corps à l'extérieur du village, dans un endroit séparé. Le champ de sépulture en *Maltrait*, à Sarry, n'a pas d'autre origine. En ces temps d'épidémie, on disposa des tombeaux laissés sans emploi, et l'on y mit un, deux ou trois corps.

Cependant, malgré l'usage que l'on fit de ces tombeaux abandonnés, dont le nombre avait dû diminuer considérablement, il en restait encore beaucoup dont se servaient les habitants pour leurs besoins particuliers; car il y en avait de toutes grandeurs, variant en longueur de un mètre cinquante à deux mètres seize, en y comprenant l'épaisseur de la pierre, qui est de six à huit centimètres. Les plus grands ont, à la tête, une longueur de soixante centimètres et de trente à quarante à l'autre extrémité. La plupart sont sans ornements ; d'autres portent deux panneaux à la tête et aux pieds; quelques couvercles ont une croix représentée par des triangles se rejoignant à l'extrémité, et dont le triangle inférieur est indéfiniment prolongé.

Il y en a trois dans la cour du presbytère, dont deux sont enfoncés en terre; le troisième, de moindre dimension, sert aux usages de la basse-cour. Dans une petite cour, en face de la mare, un très grand tombeau sert d'auge pour abreuver le bétail. Ailleurs, on s'en sert pour laver ; ceux qui sont cassés sont encore utilisés pour faire boire les volailles, pour servir de chasse-roues, de conduits, etc.

Les tombeaux tirés de Champrotard, dont l'usage fut abandonné après le moyen-âge, eurent-ils d'autres entrepôts que ceux de Quarré et de Sarry? Cela est probable. Nous croyons que Moutomble, hameau de Sainte-Colombe (2), où nous avons aussi vu des monuments de même nature, et qui se trouvait un point intermédiaire entre Avallon et Champrotard, a pu servir d'entrepôt pour l'Avallonnais; mais c'est une simple conjecture. On pourrait également supposer que Moutomble en a tiré son nom : *moult tombes*.

---

(1) Dans la plupart des églises, comme dans la cathédrale d'Auxerre, on disait une prière pour conjurer la peste, l'oraison *pro tempore pestis*. Voir *Lettres de Lebeuf*, t. 1, p. 217.

(2) Canton de l'Isle, à deux lieues d'Avallon et à une lieue et demie de Champrotard.

APPENDICE
LETTRES DE L'ABBÉ LEBEUF AU PRÉSIDENT BOUHIER.

1731, 17 juillet. — AUXERRE. — Orig. Bibl. nat., Fonds Français, 24412, fol. 843 et suiv. — Editée dans les Lettres de l'abbé Lebeuf, t. II, p. 108-109.

1731, 7 août. — AUXERRE. — Orig. Bibl. nat., F. Fr., 24412. — Ed. Lettres de l'abbé Lebeuf, t. II, p. 110-112.

1731, 20 octobre. — AUXERRE — Orig. Bibl. nat., F. Fr., 24412. — Ed. Lettres, t. II, p. 112-115.

1731, 29 décembre. — AUXERRE. — Orig. Bibl. nat., F. Fr., 2412. — Ed. Lettres, t. II, p. 115-119.

1732, 19 janvier. — AUXERRE. — Orig. Bibl. nat., F. Fr., nouveaux acquits, 1212, fol. 133-134, 3 p.

1732, 14 février. — AUXERRE. — Orig. Bibl., F. Fr., nouv. acq., 1212, fol. 137-138, 4 p.

1732, 27 février. — AUXERRE. — Orig. Bibl. nat., F. Fr., nouv. acq., 1212, fol. 137-138, 4 p.

1732, 27 mars. — AUXERRE. — Orig. Bibl. nat., F. Fr., nouv. acq., 1212, fol. 143-144, 4 p.

1732, 15 octobre. — AUXERRE. — Orig. Bibl. nat., F. Fr., nouv. acq., 1212, fol. 129-130, 3 p.

1732, 12 décembre. — AUXERRE. — Orig. Bibl. nat., F. Fr., nouv. acq. 1212, fol. 131 et suiv., 2 p.

1733, 23 septembre. — AUXERRE. — Orig. Bibl. nat., F. Fr., nouv. acq., 1212, 4 p.

1733, 6 novembre. — AUXERRE. — Orig. Bibl. nat., F. Fr., nouv. acq., 1212, 4 p,

1734, 11 janvier. — AUXERRE. — Orig. Bibl. nat., F. Fr., nouv. acq., 1212, 3 p.

1734, 28 mars. — AUXERRE. — Orig. Bibl. nat., F. Fr., 24412. — Editée dans les Lettres de l'abbé Lebeuf, t. II, p. 150-151. —

1734, 22 mai. — Orig. de 8 p. in-4°. Catalogue Laverdet, 383. — Doit être maintenant à la Bibliothèque nationale. — Analysée dans les Lettres de Lebeuf, publiées par M. de Bastard, *Bulletin de la Société de l'Yonne*, 1858, p. 25.

1734, 3 juin. — AUXERRE. — Orig. Bibl. nat., F. Fr., 24412. — Ed. Lettres, t. II, p. 151-153.

1734, 17 juillet. — AUXERRE. — Orig. Bibl. nat., F. Fr., nouv. acq., 1212, 4 p.

1734, 8 septembre. — AUXERRE. — Orig. Bibl. nat., F. Fr., nouv. acq., 1212, 4 p.

1734, novembre. — Orig. Bibl. nat., F. Fr., nouv. acquits, 1212, fol. 149, 150 et 196, 6 p. — Les deux dernières ont été par erreur séparées des quatres premières.

1734, 16 décembre, et 1735, 4 janvier. — AUXERRE. — Orig. Bibl. nat. F. Fr., nouv. acq., 1212, 4 p.

1735, 6 janvier. — AUXERRE. — Orig. Bibl. nat., F. Fr., nouv. acq., 1212, 4 p.

1735, 23 janvier. — AUXERRE. — Orig. Bibl. nat., F. Fr., nouv. acq., 1212, 3 p.

1735, 5 mars. — AUXERRE. — Orig. Bibl. nat., F. Fr., nouv. acq., 1212, 3 p.

1735, 17 mars. — Orig. Bibl. nat., F. Fr., nouv. acq., 1212, 4 p.

1735, 23 mars. — AUXERRE. — Orig. Bibl. nat., F. Fr., 24412. — Editée, Lettres de Lebeuf, t. II, p. 169-171.

1735, 4 juillet. — PARIS. — Orig. Bibl. nat., F. Fr., nouv. acq., 1212, 3 p.

1735, 22 juillet. — PARIS. — Orig. Bibl. nat., F. Fr., nouv. acq., 1212, 3 p.

1735, 11 octobre. — PARIS. — Orig. Bibl. nat., F. Fr., 24412. — Extrait dans les Lettres de Lebeuf, t. II, p. 180.

1735, 26 novembre. — PARIS. — Orig. Bibl. nat., F. Fr., nouv. acq., 1212, 4 p.

1735, 26 décembre. — PARIS. — Orig. Bibl. nat., F. Fr., nouv. acq., 1212, 3 p.

1736, 29 avril. — PARIS. — Orig. Bibl. nat., F. Fr., nouv. acq., 1212. — Editée d'après une copie très fautive, Lettres de l'abbé Lebeuf, t. II, p. 196-199.

1736, 20 août. — PARIS. — Orig. Bibl. nat., F. Fr., nouv. acq., 1212, 3 p.

1736, 7 septembre. — PARIS. — Orig. Bibl. nat., F. Fr., 24412. — Ed. Lettres de Lebeuf, t. II, p. 200-201.

1736, 3 novembre. — PARIS. — Orig. Bibl. nat., F. Fr., 24412. — Très court extrait dans les Lettres de Lebeuf, t. II, p. 201.

1737, 22 janvier. — PARIS. — Orig. Bibl. nat., F. Fr., nouv. acq., 1212, 4 p.

1737, 27 mai. — PARIS. — Orig. Bibl. nat., F. Fr., nouv. acq., 1212, 4 p.

1737, 29 août. — AUXERRE. — Orig. Bibl. nat., F. Fr., 24421. — Extrait dans les Lettres de Lebeuf, t. II, p. 214.

1738, 8 mai. — PARIS. — Orig. Bibl. nat., F. Fr., nouv. acq., 1212, 4 p. et une note.

1738, 22 mai. — PARIS. — Orig. Bibl. nat., F. Fr., 24421. — Très court extrait dans les Lettres de Lebeuf, t. II, p. 233.

1738, 23 juin. — PARIS. — Orig. Bibl. nat., F. Fr., nouv. acq., 1212, 4 p.

1738, 1er octobre. — PARIS. — Orig. Bibl. nat., F. Fr., nouv. acq., 1212, 4 p.

1738, 30 décembre. — PARIS. — Orig. Bibl. nat., 24412. — Ed. Lettres, t. II, p. 241-244.

1739, 26 février. — PARIS. — Orig. Bibl. nat., F. Fr., nouv. acq., 1212, 4 p.

1740, 24 janvier. — PARIS. — Orig. Bibl. nat., F. Fr., 24412. — Ed. Lettres, t. II, p. 266-267.

1741, 7 janvier. — PARIS. — Orig. Bibl. nat., F. Fr., 24412. — Ed. Lettres, t. II, p. 299-300.

1742, 20 janvier. — Paris. — Orig. Bibl. nat., F. Fr., 24412, — Ed. Lettres, t. II, p. 361-362.
1742, 29 juin. — Paris. — Orig. Bibl. nat., F. Fr., 24412. — Très court extrait dans les Lettres de Lebeuf, t. II, p. 375.
1742, 29 décembre. — Orig. Bibl. nat., F. Fr., nouv. acq., 1212, 3 p.
1743, 11 mars. — Paris. — Orig. Bibl. nat. F. Fr., nouv. acq., 1212, 4 p.
1743, 16 avril. — Paris. — Orig. Bibl. nat.. F. Fr., 24412. — Ed. Lettres, t. II, p. 414-416.
...., 19 juillet. — Paris. — Orig. Bibl. nat., F. Fr., nouv. acq., 1212, 3 p.
1743, 19 septembre. — Paris. — Orig. Bibl. nat., F. Fr., 21412. — Ed. Lettres, t. II, p. 422-425.
1743, 9 décembre. — Paris. — Orig. Bibl. nat., F. Fr., 24412. — Très court extrait dans les Lettres de Lebeuf, t. II, p. 455.
Sans lieu ni date; antérieur à 1743. — Orig. Bibl. nat., F. Fr., nouv. acq., 1212, 4 p.

LETTRES DU PRÉSIDENT BOUHIER A L'ABBÉ LEBEUF.

1732, mars. — Brouillon autographe de la réponse de Bouhier à Lebeuf, sur la question de savoir *si l'association d'Ovinius Camillus à l'Empire par Alexandre Sévère est vraye ou fausse*. — Orig. Bibl. nat. F. Fr., nouv. acq., 1212, 8 p., fol. 139-142.
1732, mars. — Note autographe de Bouhier en réponse à Lebeuf, 4 p. — Orig. Bibl. nat., F. Fr., nouv. acq., 1212, fol. 146-147.
1734, 3 août. — Brouillon autographe de la réponse de Bouhier à Lebeuf, 2 p. — Orig. Bibl. nat., F. Fr., nouv. acq., 1212.
1734, septembre. — Note autographe de Bouhier et lettre écrite par son secrétaire en réponse à Lebeuf. — Bibl. nat., F. Fr., nouv. acq., 1212, 4 p.
1734, novembre. — Notes autographes de Bouhier, indiquant l'indication de réponses à Lebeuf, à la suite de la lettre de Lebeuf de novembre 1736 *(loco citato)*.
1734, 3 décembre. — Dijon. — Orig. Bibl. nat., F. Fr. 24412. — Extrait dans les Lettres de l'abbé Lebeuf, t. II, p. 165.
1738, 18 mai. — Extrait autographe de la réponse de Bouhier à Lebeuf à une lettre du 8 de ce mois. — Orig. Bibl. nat., F. Fr., nouv. acq., 1212, fol. 179, 1 p.
1743, 2 février. — Minute autographe d'une lettre écrite par Bouhier à Lebeuf, contenant l'explication d'un distyque de Boëce, découvert depuis peu. — Orig. Bibl. nat., F. Fr., nouv. acq., 1212, 4 p.

www.ingramcontent.com/pod-product-compliance
Lightning Source LLC
LaVergne TN
LVHW020948090426
835512LV00009B/1763